Léon TOLSTOÏ

I0152551

HISTOIRE
D'UN
PAUVRE HOMME
LE PÈRE SERGE
LUCERNE
L'ÉVASION

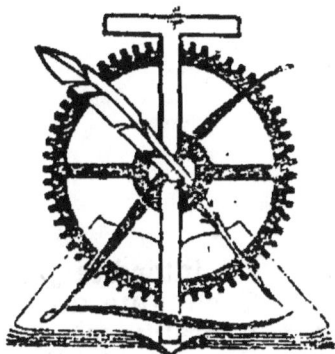

LA TECHNIQUE DU LIVRE
29 bis, rue du Moulin - Vert, PARIS - 14ᵉ

La location de ce livre est interdite jusqu'au 1er octobre 1940, sauf accord avec la Technique du Livre.

Les infractions seront poursuivies.

Tous droits de reproduction, traduction et toutes adaptations, y compris la cinématographie muette ou parlante, le théâtre et la T. S. F. réservés pour tous pays, même l'U. R. S. S.

HISTOIRE D'UN PAUVRE HOMME

HOMME

LE PÈRE SERGE

LUCERNE

L'EVASION

———

Histoire d'un pauvre homme

I

Les Doutlof sont bien à plaindre, madame. Ce sont tous de braves gens. Si nous ne nous mettons pas sur la liste un des serfs attachés à la maison, ce sera le tour d'un des fils Doutlof. Mais il sera fait selon votre volonté.

Il posa sa main droite sur la gauche, les mit sur son ventre, courba légèrement sa tête, serra ses lèvres minces, ferma les yeux et se prépara évidemment à écouter avec patience toutes les sottises que lui débiterait sa maîtresse.

C'était un ancien serf devenu intendant, vêtu d'une longue redingote, qui, chaque soir, venait recevoir les ordres de sa maîtresse et lui faire son rapport.

Selon la maîtresse, le rapport consistait en ce que l'intendant lui communiquait ce que l'on avait fait dans la journée et demandait ce qu'il fallait faire le lendemain.

Selon l'intendant, Iégor Ivanovitch, le rapport était une cérémonie qui consistait en ce que, debout, dans un coin, il écoutait avec patience les sottises de sa maîtresse. Puis, une fois qu'elle avait terminé, il

l'amenait à consentir à tout ce qu'il voulait bien —
et à lui répondre avec impatience :

— C'est bon, c'est bon, Iégor.

Au moment où commence notre récit, il était question du recrutement.

Le village de Pokrofski devait fournir trois recrues.
Deux étaient choisies par le sort et, par suite des conditions sociales et économiques, il ne pouvait y avoir
aucune discussion pour ce qui les concernait, ni de
la part des paysans, ni de la part de la maîtresse,
ni de la part de l'opinion publique. Pour la troisième,
c'était autre chose.

L'intendant prenait le parti du troisième garçon,
neveu de Doutlof, et proposait à sa place le domestique Polikouchta, qui jouissait d'une mauvaise réputation, qui avait été pris en flagrant délit de vol. La
maîtresse caressait souvent les enfants de Polikouchta
et cherchait à lui relever le moral par des citations de
l'Evangile. Aussi s'opposait-elle à ce qu'on le fît soldat. D'un autre côté, elle ne voulait aucun mal aux
Doutlof, qu'elle n'avait jamais vus, mais elle avait de
la peine à comprendre une chose bien simple pourtant, c'est que, si Polikouchta ne partait pas, Doutlof
devait absolument partir.

— Mais je ne veux pas du tout le malheur de ces
pauvres Doutlof, disait-elle avec pitié.

— Si vous ne voulez pas leur malheur, payez pour
le conscrit trois cents roubles, aurait-on dû lui répondre.

Mais la politique ne permettait pas de pareilles ré-
ponses. Et Iégor Ivanovitch écouta avec patience tout
ce que débitait sa maîtresse.

Il examinait avec intérêt le mouvement de ses lèvres, l'ombre que faisait son bonnet à ruches épaisses, et ne cherchait même pas à comprendre le sens de ses paroles.

La maîtresse parla longtemps et beaucoup. Il commençait par éprouver le besoin de bâiller, mais, heureusement pour lui, il mit la main à sa bouche et fit semblant de tousser. Pendant tout ce temps, sa figure avait une expression d'obséquieuse attention.

J'ai vu, dernièrement, à une séance du Parlement anglais, lord Palmerston écouter le discours d'un de ses adversaires pendant trois heures, la figure recouverte de son claque. Aussitôt qu'il eut fini, lord Palmerston se leva et répondit au discours de son adversaire de point en point. Je ne m'en doutais nullement, parce que j'avais assisté souvent aux entretiens de Iégor Ivanovitch et de sa maîtresse.

Je ne sais s'il avait peur de s'endormir, mais il transporta le poids de son corps du pied gauche sur le pied droit, et commença de sa voix sacramentelle :

— Qu'il en soit fait selon votre volonté, madame, mais... mais le peuple est réuni devant la maison, et il faut que vous preniez une décision. Il est écrit, dans l'ordre que nous avons reçu, que les conscrits doivent être amenés en ville avant la Toussaint. Parmi les paysans, il n'y a personne d'autre que les Doutlof. Il va sans dire que les paysans ne prennent pas vos intérêts à cœur ; cela leur est bien égal si les Doutlof sont ruinés. Je sais quels efforts ils ont faits pour joindre les deux bouts. Les voilà enfin un peu à flot depuis que le neveu est revenu et nous allons les ruiner ! Vous savez, madame, que je prends vos intérêts à cœur comme si c'étaient les miens. C'est dommage, madame. Ils ne sont ni mes parents, ni mes compères, et ils ne m'ont rien donné pour prendre leur parti.

— Mais j'en suis sûre, Iégor, interrompit sa maîtresse, en se disant qu'il avait été corrompu par les Doutlof.

— C'est la meilleure famille de tout Pokrofski, tous des gens laborieux, pieux. Le vieux est marguillier à l'église depuis trente ans. Il ne boit jamais et se garde bien de prononcer une mauvaise parole. Il est toujours assidu à l'église. (Iégor savait bien ce qu'il fallait dire à sa maîtresse pour l'influencer.) Et surtout, madame, je dois vous rappeler qu'il n'a que deux fils. Les autres sont des neveux qu'il a recueillis. Si l'on voulait être juste, on aurait dû le mettre sur le même rang que les autres familles qui n'ont que deux fils. Faudrait-il que ce pauvre homme soit puni pour sa vertu ?

La pauvre maîtresse finit par ne plus rien comprendre. Elle écoutait le son de la voix sans saisir le sens des paroles. Au désespoir, elle examina les boutons de la longue redingote de son intendant.

— Le bouton supérieur se boutonne plus rarement que l'inférieur, qui risque de tomber et que l'on aurait dû recoudre depuis longtemps, pensait-elle.

On sait depuis longtemps qu'il n'est pas du tout nécessaire pour soutenir une conversation d'écouter son interlocuteur et il suffit de bien savoir ce que l'on veut dire soi-même.

C'était aussi l'opinion de la maîtresse d'Iégor.

— Comment ne peux-tu pas comprendre encore que je ne veux pas du tout le malheur de ces pauvres Doutlof. Tu me connais assez, il me semble, pour savoir que je fais tout ce qui dépend de moi pour soulager mes paysans. Tu sais que je suis capable de faire les plus grands sacrifices pour n'envoyer ni Doutlof ni Koriouchkine.

Je ne sais s'il vint à l'idée de l'intendant qu'il ne fallait pas du tout faire de grands sacrifices pour sauver le paysan, mais donner simplement trois cents roubles.

— Je te déclare une chose seulement, c'est que je ne donnerai Polikéi pour rien au monde. Lorsque, après l'affaire de la montre, il est venu m'avouer tout, lui-même, en pleurant, il m'a juré qu'il se corrigerait. J'ai longuement causé avec lui, et j'ai vu qu'il était vraiment touché et qu'il se repentait sérieusement.

— La voilà sur son dada, pensa Iégor Ivanovitch, et il examina le sirop qu'on avait préparé pour madame dans un verre d'eau.

— Est-elle au citron ou à l'orange ? Cela doit être légèrement amer, pensa-t-il.

— Sept mois se sont écoulés depuis lors, continue madame, et il ne s'est pas enivré une seule fois. Sa conduite est irréprochable. Comment veux-tu que je punisse un homme qui s'est repenti et corrigé ?... Ne trouves-tu pas que c'est inhumain de donner un homme qui a cinq enfants et qui est tout seul pour les nourrir ? Non, Iégor, ne m'en parle même pas, je t'en prie.

Et la dame avala une gorgée d'eau au sirop.

Iégor Ivanovitch suivit le trajet de l'eau à travers la gorge de madame et il répondit d'un ton sec :

— Vous ordonnez donc, madame, que je désigne Doutlof ?...

Madame leva les bras d'étonnement.

— Décidément tu ne peux pas me comprendre. Puis-je souhaiter le malheur des Doutlof? Ai-je quelque chose contre lui?... Dieu m'est témoin que je ferai tout au monde pour eux.

Elle regarda un tableau qui se trouvait vis-à-vis d'elle, puis baissa les yeux se souvenant que ce n'était pas une image.

— Mais il ne s'agit pas de cela maintenant, pensa-t-elle.

Décidément l'idée de payer trois cents roubles pour le malheureux paysan ne lui venait pas à l'esprit.

— Que veux-tu que je fasse ? Est-ce que je connais toutes ces affaires-là ? Je me fie à toi complètement; fais en sorte que tout le monde soit content. Que faire? Ils ne sont ni les premiers, ni les derniers... c'est un mauvais moment à passer... Tout ce que je sais, c'est qu'il est impossible d'envoyer Polikei... Tâche donc de comprendre que cela serait terrible de ma part.

Elle aurait encore parlé longtemps sur le même ton, tellement elle s'était montée, mais à ce moment la porte s'ouvrit et la femme de chambre entra.

— Que veux-tu? Dounachia?

— Un paysan est venu demander à Iégor Ivanovitch si la foule devait l'attendre ou s'en aller?... dit-elle en lançant un regard de colère à Iégor Ivanovitch.

— Cet intendant est insupportable, pensait-elle, il a chagriné madame, et elle ne me laissera pas dormir jusqu'à deux heures de la nuit...

— Eh bien! va, Iégor, et fais en sorte que tout le monde soit content.

— Très bien, madame.

Et il ne parla plus de Doutlof.

— Qui faudra-t-il envoyer chez le marchand pour lui demander l'argent?

— Piétroucha n'est pas encore revenu de la ville?

— Non, madame.

— Nicolas ne pourra-t-il pas y aller?

— Mon père est malade, madame, dit Dounacha.

— Madame désire-t-elle que j'y aille moi-même, demanda l'intendant.

— Non, Iégor, ta présence est nécessaire ici.

— Quelle somme est-ce?

— Quatre cent soixante-deux roubles, madame.

— Envoie Polikei, dit madame, en regardant Ivanovitch.

L'intendant eut un sourire imperceptible et répondit :

— Très bien, madame.

Et Iégor Ivanovitch s'éloigna.

II

Polikei était un homme insignifiant, un étranger.
Venu d'un autre village, il ne jouissait ni de la pro-
tection de la femme de charge, ni de celle du sommelier, ni de celle de la femme de chambre, aussi le coin
qu'il occupait lui, sa femme et leurs cinq enfants,
était-il des plus misérables. Ces coins avaient été cons-
truits par le défunt maître, sur le plan que voici :

Au milieu d'une cabane en pierre de dix archines,
se trouvait un grand poêle russe, entouré d'un corridor, et chacun des quatre coins de la cabane était
séparé des autres par des cloisons en planches. Quatre
familles occupaient donc une cabane, chacune ayant
son coin.

Polikei n'avait donc pas beaucoup de place dans
son coin, pour lui, sa femme et leurs cinq enfants.
Le lit nuptial, recouvert d'une couverture en perse,
un berceau, une table boiteuse qui servait pour tous
les besoins de la maison et pour Polikei qui était vétérinaire, composaient tout l'ameublement. Outre les sept
habitants, le coin était encombré de tous les usten-
siles de ménage, les habits, les poules, le petit veau.

On pouvait à peine y circuler; heureusement le poêle commun formait encore une annexe, sur laquelle venaient se coucher grands et petits. Il y avait aussi le perron, mais on ne pouvait l'utiliser qu'en été. Au mois d'octobre, déjà il faisait trop froid.

Toute la famille n'avait qu'une pelisse pour se vêtir et se couvrir. Il est vrai que les enfants pouvaient se réchauffer en jouant et en courant et les grandes personnes en travaillant. Il y avait un autre moyen de se réchauffer, c'était de grimper sur le poêle où la température atteignait 40 degrés.

Il paraîtrait que la vie dans ces conditions devait être insupportable; il n'en était rien en réalité.

Akoulina, la femme, nettoyait les enfants, cousait tout ce qu'il leur fallait, filait, tissait, blanchissait la toile, faisait la cuisine sur le grand poêle commun, se querellait et cancanait avec les voisines.

La part mensuelle du seigle que leur donnaient les maîtres était suffisante pour faire tout le pain de la famille et nourrir les poules. Le bois était à discrétion, le fourrage pour les bêtes aussi. On avait un petit morceau de terre pour potager. La vache avait ses petits, les poules pondaient.

Polikei était attaché à l'écurie. Il avait charge de deux étalons, soignait les chevaux et le bétail; nettoyait les sabots des chevaux et en cas de besoin les frictionnait avec une pommade de son invention.

Pour tous ses services, il recevait de temps en temps quelque gratification en argent ou en provisions. Il jouissait aussi des restes d'avoine qui lui rendaient bien service, car un paysan dans le village lui fournissait vingt livres de mouton par mois pour deux mesures d'avoine. On aurait pu être heureux, si l'on n'avait pas eu de chagrin, et ce chagrin faisait souffrir toute la famille.

Dès son jeune âge, Polikei avait été attaché à un haras dans un village voisin. Le palefrenier, son chef immédiat était un voleur de premier ordre. Polikei fit chez lui son apprentissage et s'habitua tellement à voler, que, plus tard, il lui fut impossible de se défaire de cette mauvaise habitude. C'était un homme faible, il n'avait ni père ni mère pour lui apprendre à marcher dans la bonne voie. Il aimait à boire, et ne pouvait résister au besoin de voler tout ce qui n'était pas gardé assez soigneusement. La chose la plus inutile le tentait, il trouvait partout des personnes qui, en échange de l'objet volé, lui donnaient du vin ou de l'argent.

Ce moyen de gagner sa vie est le plus aisé, comme dit le peuple, et une fois qu'on s'y est fait, on n'a plus envie de travailler d'une autre manière.

Le seul inconvénient de ce métier, c'est qu'un beau jour on s'attaque à une personne méchante et désagréable qui vous cause des ennuis et vous fait payer cher le plaisir que vous avez éprouvé grâce à ce genre de vie.

C'est ce qui arriva à Polikei.

Il se maria. Dieu bénit son union. Sa femme, la fille du vacher, était une paysanne robuste, travailleuse et intelligente. Elle lui donnait chaque année un enfant superbe. Polikei continua son métier, et tout semblait aller bien, lorsqu'un beau jour il fut pris en flagrant délit, et pour une bagatelle. Il détourna les guides en cuir d'un paysan et on les trouva chez lui. On le battit. On se plaignit à la maîtresse. Dès lors, on le surveilla.

Il fut pris une seconde, puis une troisième fois, enfin une quatrième. Tout le monde cria. La maîtresse le gronda. Haro sur lui.

Comme nous l'avons dit, c'était un homme bon, mais faible qui aimait la boisson et ne pouvait se défaire de ce défaut. Lorsqu'il revenait ivre à la maison, sa femme le grondait, le rouait de coups même, et lui, pour toute réponse, il se mettait à pleurer comme un enfant.

— Je suis un homme bien malheureux, que vais-je devenir!... Que mes yeux crèvent si je recommence.

Au bout d'un mois il disparaissait tout à coup pour un jour ou deux et revenait ivre à la maison.

— Il doit trouver de l'argent d'une manière ou d'une autre pour s'amuser, disaient les paysans.

La dernière histoire qu'il eut, fut à propos de la pendule du comptoir.

Il y avait au comptoir une vieille pendule qui ne marchait plus depuis longtemps. Or, un beau jour, il s'y trouva tout seul. La pendule le tenta; il l'emporta et alla la vendre en ville.

Pour son malheur, le marchand, à qui il l'avait vendue, était parent de l'un des serviteurs attachés à la maison. Il vint lui faire visite et lui raconta toute l'histoire. Le serviteur n'eut rien de plus pressé que de la communiquer à tout le monde. On fit une enquête et l'on découvrit le coupable.

L'intendant, qui n'aimait pas Polikei, s'occupa de cette affaire avec un acharnement tout particulier. La maîtresse en fut instruite, elle appela Polikei. Il se jeta à ses pieds (comme le lui avait recommandé sa femme), et lui avoua tout en sanglotant.

La maîtresse lui fit la morale, lui parla de Dieu,

de la vertu, de la vie future; de sa femme, de ses
enfants, elle finit par lui dire :

— Je te pardonne, promets-moi de ne plus recom-
mencer.

— Je ne le ferai plus jamais! Que je meure, que
je crève si je recommence ! disait Polikei en sanglotant.

Il revint à la maison en hurlant comme un veau.
Depuis lors, on ne put accuser Polikei d'aucune mauvaise action. Mais il perdit sa gaîté. Tout le village
le considérait comme un voleur et, lorsque vint l'époque du recrutement, il fut désigné par tout le monde,
comme ayant mérité d'être envoyé au régiment.

Polikei était vétérinaire, on le sait. Personne n'aurait pu dire comment il l'était devenu, lui moins que
les autres.

Au haras, sa seule occupation consistait à enlever
le fumier, à apporter l'eau et quelquefois à brosser
les chevaux? Plus tard, il devint tisserand, puis garçon jardinier. Il passait ses journées à râtisser les
allées, puis pour le punir on l'envoya à une brique-
terie.

Lors de son dernier séjour dans son village, — on
ne sait pas trop comment il acquit la réputation d'un
vétérinaire distingué, — il saigna un cheval, une fois,
puis une seconde fois, le renversa, lui gratta les sabots;
puis, l'ayant reconduit dans l'enclos lui incisa une
veine sur la cuisse droite, prétendit, que pour guérir
un cheval, il fallait aussi ouvrir la veine du côté
opposé. Ensuite il pansa toutes les plaies avec du
vitriol, et plus il tourmentait les pauvres bêtes, plus
sa réputation grandissait.

Je sens moi-même que, nous autres gens instruits, nous n'avons pas le droit de nous moquer de Polikei. Les moyens dont il se servait pour inspirer la confiance, étaient les mêmes que ceux qu'on a employés avec nos pères, qu'on emploie avec nous et que l'on emploiera avec nos enfants.

Le paysan qui amène à Polikei son cheval souffrant, ce cheval qui n'est pas seulement toute sa richesse, mais un membre de sa famille, ce paysan, en suivant avec intérêt les manipulations de Polikei, en le voyant faire des incisions, ne peut s'imaginer que cet homme soit capable de tourmenter la pauvre bête sans savoir ce qu'il fait.

Je ne sais s'il vous est arrivé comme à moi, de suivre les mouvements d'un médecin qui tourmente un des miens à ma prière. En quoi les paroles du rebouteux diffèrent-elles des mots savants que nous lancent à la tête tous les médecins et de l'air important qu'ils prennent lorsqu'ils parlent de choses qu'ils ne connaissent pas du tout.

III

' Pendant que les paysans réunis devant le comptoir, discutaient, lequel des deux candidats, de Doutlof
ou de Polikei, il fallait que le village envoyât au
régiment, Polikei, assis sur le bord du lit, triturait
sur la table, avec le cul d'une bouteille, une drogue
qui devait guérir infailliblement les chevaux de toute
espèce de maladies.

Toutes sortes d'ingrédients y étaient mélangés; du
sublimé, du soufre et une herbe qu'il avait cueillie un
soir, prétendant qu'elle jouissait de vertus miraculeu-
ses.

Les enfants étaient déjà couchés, deux sur le poêle,
deux sur le lit, le dernier né dans le berceau auprès
duquel Akoulina filait.

Un bout de chandelle volé aux maîtres, brûlait sur
la fenêtre dans un chandelier de bois. Pour ne pas
déranger son mari de ses occupations, Akoulina se
levait de temps en temps et mouchait la mèche avec ses
doigts.

Certains sceptiques considéraient Polikei comme un
homme léger et un charlatan, d'autres, — et c'était
le plus grand nombre, — prétendaient qu'il était un

vaurien, mais un homme très fort. Quant à sa femme quoiqu'elle le grondât et le battît même parfois, elle pensait que c'était le premier vétérinaire et la tête la plus forte qu'il y eût au monde.

Elle le regardait avec admiration préparer sa drogue.

— Quelle tête! Où a-t-il appris tout cela ?

Le papier dans lequel était enveloppé un des ingrédients tomba sur la table.

— Anioutka, cria-t-elle, tu vois que ton père a laissé tomber un papier.

Anioutka sortit de dessous la couverture ses petites jambes maigres, descendit avec la rapidité d'un chat, et ramassa le papier.

— Voici papa, dit-elle, en lui tendant le papier.

Puis elle courut se cacher sous la couverture.

— Tu pousses, méchante, cria la petite sœur qui partageait le lit avec elle.

— Voulez-vous vous taire! Attendez un peu, cria la mère, et les deux têtes se cachèrent sous la couverture.

— S'il me donne trois roubles, dit Polikei en bouchant la bouteille, je guérirai son cheval. Et ce n'est pas cher du tout. Est-ce qu'ils sont capables d'inventer des drogues comme moi! Akoulina, va demander un peu de tabac à Nikita. Je le lui rendrai demain.

Akoulina sortit sans rien bousculer, ce qui était assez difficile.

Polikei ouvrit la petite armoire, y serra sa bouteille et prit un litre vide qu'il renversa dans sa bouche, espérant trouver au fond quelques gouttes d'eau-de-vie.

Son espoir fut déçu.

La femme revint, apportant une pincée de tabac. Il en remplit sa pipe, s'installa sur le lit, et la figure épanouie se mit à fumer d'un air satisfait comme un homme qui a fait son devoir.

Pensait-il à la manière dont il ferait avaler son médicament au cheval malade, en lui tenant la langue, ou bien se disait-il qu'on ne refusait jamais rien à un homme aussi utile que lui ? On ne le sut jamais, car à ce moment la porte d'entrée s'ouvrit et une femme de chambre d'en haut entra.

Tout le monde savait qu'en haut voulait dire la maison de la maîtresse, quoiqu'elle fût située en bas, au fond d'une vallée.

Aksioutka était une petite fille que l'on envoyait faire les commissions. Elle était connue pour la rapidité avec laquelle elle exécutait les ordres qu'on lui donnait. Elle entra comme un ouragan dans le coin de Polikei et, se tenant au poêle on ne sait trop pourquoi, se mit à parler avec une volubilité extraordinaire, tâchant de prononcer deux ou trois mots à la fois.

— Madame a ordonné, dit-elle en s'adressant à Akoulina, que Polikei Illitch vienne en haut immédiatement. (Elle s'arrêta pour souffler.) Iégor Ivanovitch a longtemps parlé avec madame des conscrits... il fut question de Polikei Illitch... Madame veut qu'il vienne à la minute... (Elle souffla de nouveau) sans perdre de temps.

Elle examina pendant quelques secondes Polikei, Akoulina, les enfants, puis ramassant une coquille de noix, elle la jeta à Anioutka qui la regardait bouche béante et puis répétant : qu'il vienne tout de suite, elle sortit de nouveau comme un ouragan.

Akoulina se leva, prépara les bottes usées de son mari, son cafetan et, sans le regarder, lui demanda :

— Faut-il te préparer une chemise?

— Non, répondit-il.

Akoulina ne jeta pas un seul regard à son mari, pendant qu'il faisait sa toilette, et elle eut raison de le laisser tranquille.

Il était d'une pâleur extrême. Sa lèvre inférieure tremblait, toute sa figure portait cette expression de tristesse et de soumission que l'on voit chez les personnes bonnes, mais faibles de caractère, qui se sentent coupables.

Il se coiffa et voulut sortir. Sa femme s'approcha de lui, arrangea les bouts de corde qui lui servaient de ceinture, et lui mit son chapeau sur la tête...

— Qu'est-ce qu'il y a, Polikei Illitch ? Est-ce Madame qui vous appelle ?... demanda la femme du menuisier de l'autre côté de la cloison.

La femme du menuisier avait eu une grande querelle avec Akoulina pour une cuve de lessive que les enfants de Polikei avaient renversée. Elle était enchantée que Madame fît appeler Polikei. Ce ne pouvait être que pour le gronder.

— On veut vous envoyer en ville, pour des commissions probablement, continua-t-elle d'une voix moqueuse. On veut envoyer un homme sûr et naturellement on ne peut trouver mieux. Vous aurez la bonté de m'acheter un quart de thé, n'est-ce pas, Polikei Illitch ?

Akoulina eut de la peine à retenir ses larmes. Avec quel plaisir elle se serait jetée sur cette tigresse et lui aurait secoué sa vilaine tignasse.

Puis, à l'idée que ses enfants allaient rester orphelins et qu'elle serait seule à les soigner, lorsque son mari irait au régiment, elle oublia et la femme du menuisier et toutes ses méchancetés, elle cacha sa tête dans l'oreiller et ne put retenir ses larmes qui coulaient à flots.

— Maman, tu m'écrases, cria la petite en se levant.

— Tenez, vous feriez bien de mourir tous tant que vous êtes!... Pourquoi vous ai-je mis au monde?... cria-t-elle à la grande joie de la femme du menuisier qui n'avait pas encore oublié sa cuve de lessive.

IV

Une demi-heure s'écoula ainsi.

Le bébé dans le berceau se mit à crier de toutes ses forces. Akoulina se leva pour lui donner à téter. Elle ne pleurait plus. Elle avait appuyé sa jolie figure amaigrie contre le rebord du lit, et fixait le bout de bougie, se demandant pourquoi elle s'était mariée, pourquoi il fallait tant de soldats, et comment elle ferait pour se venger de la femme du menuisier.

Elle entendit le pas de son mari, se leva rapidement, en essuyant ses larmes.

Polikei entra d'un air vainqueur, jeta son chapeau sur le lit et se mit à défaire la corde qui attachait son cafetan.

— Eh bien ! pourquoi t'a-t-elle fait venir ?

— Hum! c'est toujours comme cela! Polikouchka est le dernier des hommes, mais lorsqu'il s'agit d'une affaire sérieuse, à qui pense-t-on ? A lui naturellement.

— Quelle affaire ?

Polikei ne se hâta pas de répondre. Il alluma sa pipe et cracha.

— Elle m'envoie chercher de l'argent chez un marchand.

— Chercher de l'argent ? demanda Akoulina.

Polikei sourit d'un air affirmatif.

— Elle est bien adroite quand elle s'y met, notre maîtresse. « Tu sais, Polikei, qu'on a eu des soupçons sur ton compte, m'a-t-elle dit, mais moi j'ai confiance en toi plus qu'en n'importe qui. »

Polikei parlait à voix haute pour que les voisins l'entendissent.

« — Tu as promis de te corriger, continua-t-elle. Eh bien ! voilà une occasion de le prouver; va chez le marchand, demande l'argent qu'il me doit et apporte-le moi.

« — Nous sommes tous tes serfs, madame, lui ai-je répondu, nous devons te servir et nous dévouer à toi, je me sens capable de donner ma dernière goutte de sang, pour toi, maîtresse, et tout ce que tu m'ordonneras de faire, je le ferai, parce que je suis ton esclave. »

Il sourit de son sourire d'homme faible bon et coupable.

« — Tu comprends, me dit-elle, que ton sort dépend de cela ?

« — Certainement, maîtresse, comment ne comprendrais-je pas que vous voulez mon bien. On m'a calomnié, c'est le moment de montrer que jamais je n'ai même eu l'idée de vous faire du tort, maîtresse. »

J'ai tant et si bien parlé, qu'elle s'est complètement attendrie.

« — Tu es mon meilleur serviteur, m'a-t-elle dit. »

Le même sourire éclaira de nouveau la figure de Polikei.

— Je sais bien, moi, parler aux maîtres.

— Est-ce une grande somme? demanda sa femme.

— Quatre cent soixante-deux roubles, répondit Polikei d'un air indifférent.

Elle secoua la tête.

— Quand y vas-tu ?

— Elle m'a ordonné d'y aller demain. « Prends, a-t-elle dit, le cheval que tu voudras... va au comptoir demander les ordres de l'intendant, et que Dieu t'accompagne. »

— Que Dieu soit loué, dit Akoulina avec ferveur. Que Dieu te protège, Polikei, ajouta-t-elle à voix basse, pour ne pas être entendue des voisins. Illitch, écoute-moi, au nom du Christ, je te supplie de me promettre que tu ne boiras pas une seule goutte d'eau-de-vie.

— Voyons, voyons, est-ce qu'on boit quand on a une somme pareille, dans sa poche ? lui répondit-il en ricanant. Si tu avais entendu comme on jouait du piano, là-bas, je ne te dis que cela, continua-t-il d'un ton calme. Ça doit être Mademoiselle. J'étais là devant Madame comme un piquet, et derrière la porte de sa chambre on entendait Mademoiselle jouer. Cela m'a donné envie; si j'avais eu l'occasion, je l'aurais appris moi aussi; tu sais que je suis un malin... Il me faudra une chemise propre pour demain.

Et ils se couchèrent heureux et contents.

V

Les paysans réunis devant le comptoir continuaient à discuter.

L'affaire était grave.

Lorsque Iégor Ivanovitch fut chez Madame, ils se couvrirent la tête et les voix s'élevèrent. Ces voix semblaient gronder. De loin elles arrivaient comme le tonnerre jusqu'aux oreilles de madame et la rendaient nerveuse.

Elle s'attendait toujours à ce que ces voix devinssent de plus en plus menaçantes et qu'il arrivât un malheur quelconque.

— Est-ce que tout ne pourrait se passer doucement, convenablement, sans bruit ni querelle, pensait-elle ; comme s'ils ne pouvaient pas se conduire comme de vrais chrétiens.

On entendait le son de beaucoup de voix qui parlaient en même temps.

L'une d'elles, cependant, dominait les autres, c'était celle du charpentier Fédor Riézoun.

Il n'avait que deux fils et attaquait Doutlof avec acharnement.

Le vieux Doutlof se défendait, il s'était avancé et de sa voix chevrotante cherchait à prouver que ce n'était pas son tour.

Il y avait une trentaine d'années de cela, son frère avait été fait soldat, et Doutlof voulait à tout prix que cela fût compté aujourd'hui et que ses enfants fussent libérés.

. Outre Doutlof, il y avait quatre familles qui avaient trois garçons, mais l'un était bailli du village et la maîtresse l'en avait exempté. La seconde famille avait donné un fils au-recrutement précédent. Quant aux deux dernières, elles donnaient chacune un garçon.

Le père de l'un n'était même pas venu à la réunion. Seule la mère se tenait à l'écart et attendait qu'un miracle vînt sauver son enfant.

Le garçon de la quatrième famille, sur lequel le sort était tombé, était venu lui-même. Il assistait à la réunion la tête baissée, sachant que son sort était décidé depuis longtemps. Toute sa personne portait l'empreinte d'une douleur profonde.

Le vieux Semen Doutlof était de ces hommes auxquels on aurait confié des centaines et des milliers de roubles; sérieux, pieux, riche, et, comme nous l'avons déjà dit, marguillier à l'église. L'état de surexcitation, dans lequel il se trouvait, paraissait d'autant plus extraordinaire chez cet homme calme.

Le charpentier Riézoun était, au contraire, un homme violent, un buveur sachant parler en public, se faisant écouter par la foule. A ce moment-là, il parlait avec calme et ironie. Profitant de son talent oratoire, il fit perdre la tête au pauvre marguillier ordinairement sérieux et tranquille.

Outre ces deux adversaires, plusieurs jeunes paysans prenaient part à la discussion, ils étaient tous de l'avis de Riézoun.

Les autres paysans ne prenaient aucune part à la

discussion, ils se parlaient à voix basse de leurs affaires.

— Moi, disait Doutlof, j'ai été pendant dix ans maire, j'ai souffert deux fois de l'incendie, personne ne m'est venu en aide; et parce que ma famille est l'une des plus tranquilles, que nous sommes unis, on veut nous ruiner ! Rendez-moi mon frère qu'on a fait soldat. Il est probablement mort depuis longtemps, loin de son pays. Soyez justes et jugez selon Dieu et la vérité, ne prenez pas en considération les paroles des ivrognes.

— Ton frère a été fait soldat, non pas parce que le sort l'a désigné, mais parce qu'il était un vaurien. Aussi les maîtres, pour s'en débarrasser, l'envoyèrent au régiment.

Un paysan, maladif et irritable, entendit ces paroles, fit un pas en avant et dit :

— C'est toujours ainsi. Les maîtres désignent qui bon leur semble. Pourquoi nous appellent-ils donc et nous demandent-ils de choisir nous-mêmes nos candidats ?... Est-ce de la justice, cela ?

Un des pères, dont le fils était déjà désigné, dit en soupirant :

— Que veux-tu ? c'est toujours ainsi !

Il y avait aussi, dans la foule, des bavards qui ne se mêlaient de la querelle que pour le plaisir de parler. Un tout jeune paysan, entre autres, saisissant au vol les dernières paroles de Doutlof, s'écria :

— Il faut juger en vrais chrétiens. C'est en chrétiens qu'il faut juger, mes petits frères !

— Il faut juger selon sa conscience, répondit un autre. La volonté des maîtres a été cause que ton frère a été envoyé au régiment, dit-il au vieux Doutlof, nous ne pouvons pas prendre cela en considération.

— C'est juste! crièrent plusieurs voix.

— Qui est-ce qui est ivre ici ? répliqua Riézoun au vieux Doutlof. Est-ce toi ou tes mendiants de fils qui m'ont donné à boire ?

— Il faut en finir d'une fois, mes frères. Si vous trouvez bon de libérer Doutlof, désignez donc des familles qui n'ont que deux et même un seul garçon; c'est lui qui va joliment se moquer de vous !

— C'est Doutlof qui doit être désigné ! Il n'y a pas à dire !

— Certainement; ce sont les familles qui ont trois garçons qui doivent tirer au sort, crièrent plusieurs voix.

— Nous allons voir ce que dira Madame. Iégor Ivanovitch a fait espérer qu'on désignerait un des serfs attachés à la maison, dit une voix.

Cette remarque suspendit quelques instants la discussion, mais bientôt elle recommença de plus belle; on en vint aux personnalités.

Le fils de Doutlof, Ignate, que Riézoun avait accusé de mendier, l'accusait à son tour d'avoir volé une scie et d'avoir battu sa femme au point qu'elle avait manqué en mourir.

Riézoun répliqua que, ivre ou non, il battrait toujours sa femme, et qu'elle le méritait bien.

Cette remarque égaya la foule.

L'accusation d'avoir volé une scie mit le charpentier en colère, aussi, s'approchant d'Ignate, lui demanda-t-il :

— Qui a volé ?

— Toi, répondit l'autre sans broncher, faisant aussi un pas en avant.

— Qui a volé ? toi, peut-être, criait Riézoun.

— Mais non, c'est toi! criait à son tour Ignate.

Après la scie, vint le tour d'un cheval, d'un lopin de terre, d'un sac d'avoine, d'un cadavre enfin.

Les deux paysans s'accusèrent de crimes si terribles, que, s'ils en étaient vraiment coupables, ils méritaient tous deux d'être envoyés en Sibérie.

Doutlof n'était pas content de la conduite de son fils; il fit tout son possible pour le calmer :

— C'est un péché de se quereller ainsi, disait-il. Cesse donc.

— Pourquoi n'achèterais-tu pas un conscrit à la place de ton garçon ? dit enfin Riézoun à Doutlof.

Doutlof s'éloigna d'un air mécontent.

— As-tu compté mon argent, par hasard ? lui répondit-il. Attendons la réponse de Madame.

VI

A ce moment, Iégor Ivanovitch descendait les marches de la maison seigneuriale. A mesure qu'il approchait, toutes les têtes se découvraient. Iégor Ivanovitch s'arrêta et fit semblant de vouloir parler.

L'intendant, du haut du perron, dans sa longue redingote, les deux mains dans ses poches, la tête couverte d'une casquette, dominant la foule de ces paysans qui, tête découverte, le regard fixé vers lui, beaux pour la plupart, attendaient le résultat de sa conversation avec Madame, n'était pas le même homme qui avait parlé à Madame d'un air humble et obséquieux.

Ici, il avait l'air imposant.

— Voici, mes enfants, la décision de Madame. Elle ne veut pas désigner de serfs attachés à la maison; elle vous laisse choisir vous-mêmes vos candidats...

— C'est bien ça! crièrent quelques voix.

— Selon moi, Dieu lui-même désigne le fils de Kourachkibe et celui de Mitiouchkine.

— C'est juste, lui répondit-on.

— Quant au troisième, il faudra désigner ou bien Doutlof ou bien choisir parmi les familles qui ont deux fils. Qu'en pensez-vous ?

— Il faut désigner Doutlof, il a trois garçons, dirent plusieurs voix à la fois.

Et la discussion recommença de plus belle.

Iégor Ivanovitch était intendant depuis vingt ans. Il connaissait bien son monde. Aussi, après les avoir laissés crier pendant un quart d'heure, leur ordonna-t-il de se taire.

Il appela les trois Doutlof et leur dit de tirer au sort. — On coupa trois branches. Sur l'une d'elles on fit un signe et on les mit dans un chapeau.

Il se fit un silence parfait.

Un jeune paysan tira les branches l'une après l'autre et sortit le nom de Iliouchka, le neveu de Doutlof, un jeune homme qui venait de se marier...

— Est-ce le mien? dit-il d'une voix éteinte.

Tout le monde se taisait.

Iégor Ivanovitch ordonna à chacun des paysans d'apporter l'argent pour les conscrits, sept kopeks par personne et leur dit que la réunion était terminée.

La foule s'ébranla et se dispersa peu à peu. L'intendant, resté toujours sur le perron, les regardait s'éloigner. Lorsque les jeunes Doutlof s'en allèrent, il appela le vieux et le fit entrer au comptoir...

— Je te plains bien, mon vieux, dit Iégor Ivanovitch, en s'asseyant devant son bureau... mais c'est ton tour. Achètes-tu quelqu'un à la place de ton neveu ou non?

— Je voudrais bien acheter quelqu'un, mais je n'en ai pas les moyens, Iégor Ivanovitch. J'ai perdu deux chevaux cet été. J'ai marié mon neveu. C'est notre sort probablement, c'est parce que nous sommes honnêtes.

trouveras peut-être des anciennes monnaies pour trois

— Allons vieux! nous savons ce que nous savons. Cherche un peu sous le plancher de ta chambre, tu

ou quatre cents roubles. J'achèterai pour toi un remplaçant superbe.

— Au gouvernement? dit Doutlof.

C'est ainsi que les paysans désignent les chefs-lieux
du gouvernement.

— Eh bien, l'achètes-tu?

— J'aurais bien voulu, Dieu le voit, mais...

— Eh bien, écoute-moi, mon vieux, fais bien attention qu'il n'arrive rien à Iliouchka. Aussitôt que je
l'enverrai chercher, il faudra qu'il soit prêt. C'est toi
qui me réponds de lui, et s'il lui arrive malheur, c'est
ton fils aîné qui sera désigné à sa place. Tu m'entends
bien?...

— Est-ce qu'on ne pourrait pas chercher parmi les
familles qui ont deux garçons, recommença le vieux.
Pensez donc, mon frère est mort à l'armée, et maintenant on prend son fils. Pourquoi nous persécute-t-on?
continua-t-il, les larmes aux yeux, prêt à se jeter aux
pieds de l'intendant.

— Allons, va-t'en, laisse-moi tranquille. On ne peut
faire autrement. Et fais bien attention : tu me réponds
d'Iliouchka.

Doutlof s'éloigna tête baissée.

VII

Le jour suivant, au matin, une petite charrette, atte-
lée d'un gros cheval de fatigue, appelé on ne sait trop
pourquoi Tambour, attendait devant la porte du comptoir.

Anioutka, la fille de Polikeï, malgré une pluie fine
d'automne, se tenait pieds nus devant le cheval. Une
vieille jaquette lui couvrait la tête.

Une animation extraordinaire régnait dans le coin
de Polikeï.

Le jour commençait seulement à poindre; Akoulina, laissant de côté son ménage et ses enfants, qui
grelottaient dans leur lit, s'occupait des préparatifs
de voyage de son mari.

Une chemise propre était étendue sur le lit.

Les bottes déchirées donnaient beaucoup de souci à
Akoulina. Elle avait pris une vieille couverture que
son mari avait trouvée dans l'écurie, et cherchait à
bourrer les trous afin de garantir les pieds d'Illitch
contre l'humidité.

Elle ôta l'unique paire de bas de laine que possédait la famille et les donna à son mari.

Illitch, assis au bord du lit, tournait et retournait

entre ses mains sa vieille ceinture, se demandant ce
qu'il pourrait faire pour qu'elle ne ressemblât pas à
une vieille corde.

On enveloppa la toute petite fille dans l'unique
pelisse de la famille, et on l'envoya chez Nikita lui
demander son chapeau.

Tous les domestiques venaient donner des commissions pour la ville à Illitch : l'un avait besoin d'ai-
guilles, l'autre de sucre, de thé, d'huile.

Nikita refusa de prêter son chapeau, il fallut donc
arranger celui de Polikei qui était en loques. Les
bottes raccommodées par Akoulina, étaient devenues
trop étroites. Anioutka, transie de froid, lâcha le cheval et ce fut la petite Machka, enveloppée dans la
grosse pelisse, qui alla tenir Tambour, impatienté de
rester si longtemps à attendre.

Enfin, après avoir endossé tout ce qu'il y avait de
vêtements dans la famille, sauf la jaquette verte qui
recouvrait la tête d'Anioutka, Polikei monta dans la
charrette, arrangea la paille, prit les guides et se prépara à partir.

A ce moment, son petit garçon Michka et Anioutka
se mirent à courir derrière lui, en chemise, pieds nus,
le priant de les mener un petit peu en voiture, disant
qu'ils n'auraient pas froid. Polikei les prit en souriant et les conduisit jusqu'au bout du village.

Au moment où il montait en voiture, sa femme
s'approcha de lui et le supplia de ne pas oublier le
serment qu'il avait fait de ne pas boire une seule goutte
d'eau-de-vie.

Le temps était horrible.

Une pluie mêlée de neige tombait et glaçait la figure

et les mains de Polikei. Même Tambour baissait ses oreilles et frissonnait.

Par moments, il y avait des éclaircies. Un vent terrible s'élevait, chassait les nuages, le soleil éclairait pour quelques instants la terre humide, et ce rayon de soleil rappelait le sourire indécis de Polikei.

Malgré le mauvais temps, Polikei était plongé dans des pensées agréables.

Lui, qu'on voulait exiler, lui, qu'on voulait faire soldat, que tout le monde, sauf quelques ivrognes, maltraitait et humiliait, lui qu'on envoyait toutes les fois qu'il y avait quelque chose de désagréable à faire, il était installé dans la charrette de l'intendant, et chargé par sa maîtresse de réclamer une grosse somme d'argent.

Et Polikei se redressait d'un air fier, arrangeait son vieux chapeau et se croyait un cocher, un grand homme, un marchand pour le moins.

Cependant, il faut dire qu'il se trompait bien, ce pauvre Polikei en s'imaginant avoir l'air d'un marchand. Tous ceux qui l'auraient examiné de près auraient tout de suite reconnu en lui un simple serf, un pauvre déguenillé...

Il aura quatre cent soixante-deux roubles dans sa poche! S'il veut, il fera tourner bride à Tambour et s'en ira loin, bien loin, mais il ne fera pas cela, il portera l'argent à sa maîtresse et dira que ce n'est pas la première fois qu'on lui confie des sommes considérables.

Lorsqu'ils arrivèrent devant le cabaret. Tambour, par habitude, voulut s'arrêter, mais Polikei lui donna un coup de fouet et continua son chemin. Il fit de même en passant devant le second cabaret, et ne s'arrêta que vers midi dans la maison du marchand, où s'arrêtaient ordinairement tous les envoyés de Madame.

Il détela son cheval, lui donna du foin, dîna avec les ouvriers du marchand et ne perdit pas l'occasion de se vanter de la confiance dont il jouissait auprès de sa maîtresse.

Aussitôt qu'il eût fini de dîner, il porta la lettre chez le marchand qui, connaissant Polikei de longue date, le regarda d'un air méfiant et lui demanda si c'était vraiment à lui qu'on avait confié la tâche de réclamer l'argent.

Illitch voulut s'offenser, mais il se ravisa et sourit humblement.

Le marchand relut la lettre encore une fois et lui remit la somme.

Quand il reçut l'argent, Polikei le mit dans sa poche et s'éloigna.

Rien ne le tenta, ni les marchands de vin, ni les cabarets qui se trouvaient sur son chemin. Il s'arrêtait avec complaisance devant les magasins d'habillement, admirait les bottes neuves, les cafetans, les ceintures, palpait l'argent dans sa poche et se disait avec fierté :

— J'aurais pu acheter tout cela, mais je ne veux pas le faire.

Il alla au marché, fit toutes les commissions qu'on lui avait données, entra dans un magasin de fourrures et marchanda une pelisse en peau de mouton. Le marchand le regarda d'un air méfiant; mais Polikei lui dit en lui montrant sa poche :

— Si je voulais j'achèterais toute ta marchandise.

Il essaya la pelisse, la regarda, la retourna, puis déclara que le prix ne lui convenait pas et s'en alla heureux et content.

Quand il eut soupé et rempli la mangeoire de Tambour, il monta sur le poêle, ôta l'enveloppe de sa poche, l'examina longuement, pria le portier de lui lire l'adresse et les mots « ci-inclus quatre cent soixante-deux roubles. »

L'enveloppe était faite avec une feuille de papier et cachetée avec de la cire brune; il examina tous les cachets et repalpa l'enveloppe avec délices.

Il éprouvait une joie enfantine de se trouver en possession d'une si grosse somme d'argent. Il cacha l'enveloppe dans la doublure de son chapeau, mit le chapeau sous sa tête et s'endormit, mais plusieurs fois dans la nuit il se réveilla et palpa l'enveloppe pour se bien persuader qu'elle s'y trouvait toujours.

Chaque fois qu'il la palpait, il éprouvait un sentiment de profonde satisfaction à l'idée que lui, Polikeï, maltraité de tout le monde, il ferait parvenir l'argent à sa maîtresse avec autant de fidélité que l'intendant lui-même.

VIII

Vers minuit, les ouvriers du marchand et Polikei furent réveillés par des coups violents à la porte.

C'étaient les trois conscrits venus de Pokrofsky, Kourachkine, Mitiouchkine et Ilia (le neveu de Doutlof), accompagnés du bailli et de leurs parents.

Une veilleuse brûlait dans la cuisine. La cuisinière dormait sur le banc placé sous les Images. Elle se leva en hâte et alluma une chandelle. Polikei se réveilla aussi et examina les nouveaux arrivés du haut de son poêle.

A mesure qu'ils entraient, ils faisaient le signe de la croix et s'installaient sur le large banc sous les Images.

Tous calmes et tranquilles; ils causaient de choses indifférentes et, au premier coup d'œil, on avait de la peine à distinguer quels étaient les conscrits.

— Eh ben, mes enfants, soupons-nous, ou bien nous couchons-nous à jeun?

— Nous soupons, dit Ilia, d'une voix avinée; envoie chercher de l'eau-de-vie.

— Tu as déjà assez bu, lui répondit le bailli, et s'adressant aux autres :

— Mangeons du pain sec pour ne déranger personne.

— Donne-nous de l'eau-de-vie, insista Ilia sans regarder personne. Les paysans sortirent de leur bissac du pain qu'ils avaient apporté avec eux; ils le mangèrent, burent quelques gorgées d'eau et se couchèrent les uns sur le poêle, les autres par terre.

Ilia répétait de temps en temps :

— Veux-tu me donner de l'eau-de-vie?

Il aperçut tout à coup la tête de Polikei.

— Illitch! eh! Illitch, tu es ici; cher ami? Je suis l'un des conscrits, le sais-tu? j'ai fait mes adieux à ma pauvre vieille mère et à ma femme. Ce qu'elles ont hurlé... Oui, me voilà soldat; veux-tu m'offrir de l'eau-de-vie?

— Je n'ai pas d'argent, répondit Polikei... Espère en Dieu, peut-être te réformera-t-on? continua-t-il pour le consoler.

— Non frère, je suis comme un jeune sapin, jamais je n'ai été malade. On ne peut souhaiter un meilleur soldat que moi.

Polikei raconta comment un paysan avait donné un papier bleu (billet de cinq roubles) au médecin qui le libéra... Ilia s'approcha du fourneau et bavarda.

— Non, Illitch, tout est fini. Je ne veux pas rester moi-même. Mon oncle m'a sacrifié. Crois-tu que nous n'aurions pu acheter un remplaçant, mais non, il n'a pas voulu, il a plaint l'argent. Moi, on me sacrifie, je ne suis qu'un neveu... Ce qui me fend le cœur, c'est la douleur de ma mère! Ma pauvre femme! Elle se démenait, la pauvrette : la voilà femme de soldat!...

pourquoi nous avoir mariés?... Elles viendront toutes les deux demain.

— Mais pourquoi vous a-t-on déjà amenés? il n'en était même pas question et tout à coup...

— Ils ont peur que je me tue, répondit Ilia en souriant... Il n'y a pas de danger. Je saurai toujours me tirer d'affaire, même étant soldat. La seule chose qui m'afflige, c'est de penser à la douleur de ma pauvre mère et de ma femme... Pourquoi m'ont-ils marié? continua-t-il d'une voix triste et mélancolique.

La porte s'ouvrit, puis se referma sans bruit. C'était le vieux Doutlof qui entrait, secouant ses habits, son chapeau couvert de neige, les pieds chaussés de laptis (1).

— Afonassi, dit-il en s'adressant au portier, avez-vous une lanterne? je voudrais donner de l'avoine aux chevaux.

Doutlof jeta un regard sur Ilia et alluma un petit reste de chandelle. Ses gants et son fouet étaient enfoncés derrière sa ceinture, sa figure paisible et tranquille comme s'il ne s'agissait que d'une simple commission qu'il venait de faire en ville.

Ilia, en voyant son oncle, se tut instantanément, puis s'adressant au bailli, il lui dit d'une voix sombre :

— Ermile, donne-moi de l'eau-de-vie?

—De l'eau-de-vie! Ce n'est pas le moment; tout le monde est déjà couché. Toi seul, tu es turbulent.

Ce mot « turbulent » lui inspira l'idée de l'être.

— Bailli, si tu ne me donnes pas de l'eau-de-vie, je ferai du scandale.

_____

(1) Espèce de sabot.

— Cesse, Ilia, cesse donc, lui répondit le bailli avec douceur.

Il n'avait pas fini, qu'Ilia se leva précipitamment, s'approcha de la fenêtre, et, la brisant d'un coup de poing, s'écria :

— Ah! si vous ne voulez pas faire ce que je vous demande, eh bien! tenez, je vais briser l'autre.

Polikei, en un clin d'œil, se cacha au fond du poêle. Le bailli, jeta son morceau de pain et accourut vers la fenêtre. Doutlof mit sa lanterne par terre, ôta sa ceinture et s'approcha d'Ilia qui se débattait entre les bras du bailli et du portier. Ils le tenaient déjà, lorsqu'il aperçut son oncle qui s'approchait, la ceinture en main, et fut pris d'un accès de rage. Il se débarrassa de ses deux adversaires et les yeux injectés de sang s'avança vers Doutlof.

— Je te tuerai, ne t'approche pas, être barbare !. tu m'as perdu. Toi et tes brigands de fils, vous m'avez perdu! Pourquoi m'avez-vous marié? N'approche pas, te dis-je, ou je ne réponds pas de moi.

Iliouchka était effrayant à voir, tout son jeune corps tremblant, la figure bleue, les yeux lui sortant de l'orbite. Il semblait capable de tuer les trois paysans qui cherchaient à le terrasser.

— Tu bois le sang de ton frère. Buveur de sang.

Un éclair passa sur la figure du vieux Doutlof. Il fit un pas en avant.

— Tu ne veux pas écouter? je me vois obligé d'employer la force.

D'un mouvement rapide, il terrassa son neveu, le jeta pas terre, et, à l'aide des deux paysans, lui retourna les mains derrière le dos et les attacha.

— Je t'avais bien prévenu qu'il ne fallait pas faire

de bruit. Te voilà bien avancé. Mettez-lui sa pelisse
sur la tête, dit-il en l'étendant sur le banc.

Ilia, les cheveux en désordre, pâle, regardait de
tous côtés comme s'il cherchait à se rappeler où il était
et ce qu'il lui était arrivé.

Le bailli reprit son morceau de pain.

— Mon pauvre Ilia, je te plains de tout mon cœur,
mais que veux-tu faire? Kourachkine aussi est marié;
il ne dit rien cependant.

— Je suis la victime de mon oncle, de mon monstre d'oncle... C'est un ladre qui regrette son argent.
Maman m'a dit que l'intendant lui proposait un remplaçant. Il n'a pas voulu, disant qu'il n'avait pas les
moyens. Et pourtant, je lui ai rapporté bien de l'argent
depuis que je suis venu m'installer chez lui... C'est un
monstre.

Le vieux Doutlof revint avec sa lanterne qu'il posa
par terre. Il fit le signe de la croix et s'assit à côté du
bailli.

Ilia se tut, ferma les yeux et leur tourna le dos. Du
doigt, le bailli le montra à Doutlof.

— Crois-tu que cela ne me fait pas de la peine?
lui dit Doutlof. C'est le fils de mon frère, on lui a
persuadé que j'étais un monstre. Est-ce sa femme qui
lui a persuadé que j'avais de l'argent pour acheter
un remplaçant? Est-ce quelque autre? je n'en sais
rien. Le fait est qu'il m'en veut et que cela me fend
le cœur.

— C'est un bien brave garçon!

— Je ne me sens pas le courage de voir son désespoir! Demain, sa femme et mon fils viendront. Moi,
je m'en retourne.

— Envoie tes enfants et va-t'en en paix, lui répondit le bailli en grimpant sur le poêle.

— Si l'on avait de l'argent, on n'aurait certainement pas hésité à acheter un remplaçant, dit l'un des ouvriers du marchand.

— Oh! l'argent, l'argent, que de crimes ont été commis en son nom! l'Ecriture nous enseigne à le mépriser et à le craindre.

Quand il eut fait des prières, le vieux Doutlof jeta un regard sur son neveu. Il dormait paisiblement; alors il s'approcha de lui, relâcha ses mains, et se coucha à son tour.

IX

Aussitôt que tout rentra dans le silence, Polikeï descendit sans bruit comme un coupable et se prépara à s'en aller. Il ne se sentait pas le courage de passer la nuit avec les conscrits.

Les coqs avaient déjà chanté, Tambour avait fini sa ration d'avoine et demandait à boire.

Illitch l'attela et le mena par la bride vers la porte cochère.

Le chapeau et son contenu étaient sains et saufs et Polikeï s'installant sur sa charrette, partit le cœur léger.

Quand la ville fut derrière lui, il se sentit plus à son aise. Tant qu'il se trouvait avec les conscrits, il lui semblait qu'on allait le saisir et le mener à la place d'Ilia. Il était pris d'un frisson et fouettait Tambour pour s'éloigner au plus vite des conscrits.

La première personne qu'il rencontra, fut un prêtre. Une terreur superstitieuse s'empara de lui; Illitch ôta son chapeau et palpa l'enveloppe; elle était toujours en place.

— Si je la cachais dans ma poitrine, mais pour cela il faudrait ôter ma ceinture; je vais le faire aussitôt que je descendrai la montagne... Bah! le chapeau est bien recousu, la lettre ne pourra pas tomber; je ne me découvrirai plus la tête jusqu'à la maison.

Tambour descendit la montagne au galop, Polikei qui avait tout autant de hâte de revenir au logis, ne s'y opposa pas. Tout allait pour le mieux, et notre homme se plongea dans des rêveries agréables, se représentant la reconnaissance de sa maîtresse, la joie de sa famille et espérant une bonne gratification.

Il ôta encore une fois son chapeau, palpa la bienheureuse enveloppe et enfonça davantage son couvre-chef.

L'étoffe du chapeau était usée, et comme Akoulina l'avait recousue avec soin d'un côté, le côté opposé se déchira. L'enveloppe fut mise à découvert.

Le jour commençait à poindre. Polikei, qui n'avait pas dormi toute la nuit, finit par s'assoupir. Sa tête suivait les mouvements de la charrette et l'enveloppe sortait de plus en plus du trou qui s'était fait dans l'étoffe.

Il ne se réveilla que près de la maison.

Son premier mouvement fut de saisir son chapeau, il était bien enfoncé sur la tête; rassuré complètement, il ne s'inquiéta pas de voir si l'enveloppe s'y trouvait encore. Il s'arrangea et regardant fièrement autour de lui, fouetta Tambour.

Voici la cuisine, le comptoir, voici la femme du charpentier qui porte de la toile, voici la maison de madame! Polikei prouvera tout de suite qu'il s'est montré digne de la confiance qu'on avait eue en lui. Déjà, il entendait la voix de la maîtresse qui lui disait :

— Merci, Polikei. Voici trois... cinq, peut-être **même** dix roubles.

Elle lui offrirait un verre de thé, de l'eau-de-vie. Après ce voyage, un verre de thé serait le bienvenu... Avec dix roubles, on peut acheter une paire de bottes neuves et payer sa dette à Nikita qui devient insupportable.

A cent pas devant la maison, il s'arrangea encore une fois, ôta son chapeau, posa la main sous la doublure et se mit à fouiller fièvreusement... rien! L'enveloppe avait disparu.

Polikei, pâle comme la mort, arrêta le cheval et se mit à chercher dans le foin, dans ses poches, autour de lui... toujours rien!

— Seigneur! qu'est-ce donc, mais qu'est-ce donc? hurla-t-il en se prenant la tête. Il se souvint qu'on pouvait le voir; tourna bride et rebroussa chemin.

Je déteste voyager avec Polikei, se dit Tambour mécontent : une seule fois dans la vie il m'a nourri et abreuvé à temps, et maintenant que me **voilà** près du logis, il me joue le tour de me faire rebrousser chemin!

— Allons, sacré animal! criait Polikei en rouant le cheval de coups.

X

De toute la journée, personne ne vit Polikei.

Madame envoya plusieurs fois demander de ses nouvelles.

Akoulina répondit qu'il n'était pas encore de retour, que probablement le marchand l'avait retenu, ou bien que le cheval s'était mis à boiter.

Akoulina parlait d'une voix calme mais son inquiétude allait toujours croissant.

Occupée des préparatifs de la fête du lendemain, elle cherchait à ne pas penser à son mari. C'était en vain, son ouvrage n'avançait pas. Une tristesse immense s'empara d'elle. Elle se tourmentait d'autant plus que la femme du charpentier prétendait avoir rencontré sur la grande route une charrette et un homme qui ressemblait singulièrement à Polikei.

Les enfants attendaient aussi leur père avec impatience, mais pour des raisons toutes différentes. Il avait emporté tous les vêtements chauds et les petits se voyaient obligés de garder la chambre ou de faire quelques pas devant la maison. Le froid était si vif qu'ils n'osaient se hasarder bien loin.

Seules, la maîtresse et Akoulina pensaient à Polikei.

Les enfants n'attendaient que les vêtements chauds.

Lorsque Madame demanda à Iégor Ivanovitch des nouvelles de Polikei, il répondit avec un sourire malicieux :

— Il n'est pas encore de retour, Madame, et pourtant, il y a bien longtemps qu'il devrait être à la maison.

Plus tard seulement, on apprit que des paysans d'un village voisin avaient aperçu Polikei courant sans chapeau, le long du chemin et demandant à tous les passants s'ils n'avaient pas trouvé une lettre.

Un autre homme l'avait vu dormant au bord du chemin, le cheval et la charrette attachés à un arbre.

— J'ai même pensé, dit le paysan, qu'il était ivre, et que le cheval n'avait ni bu ni mangé, tellement qu'il avait maigri.

Akoulina ne put fermer l'œil de toute la nuit; elle attendait toujours anxieusement le retour de son mari. Si elle n'avait été seule, si elle avait eu un cuisinier, une femme de chambre, elle aurait été bien plus malheureuse, mais elle avait une famille sur les bras et de la besogne pour deux. Au premier chant du coq, elle se levait pour mettre les pains au four, préparer le dîner, traire la vache, repasser le linge des enfants, les laver, les nettoyer, apporter de l'eau, etc...

Il faisait déjà grand jour. Les cloches annonçaient le service du matin, et Polikei ne revenait toujours pas. La veille au soir, une neige épaisse était tombée, et comme pour célébrer le jour de fête, un soleil radieux éclairait la terre.

Akoulina occupée près du four, n'entendit pas le bruit des roues de la charrette.

— Papa est arrivé, dit la petite Machka en s'élançant à la rencontre de son père.

En passant devant Akoulina qui avait déjà mis sa robe des dimanches, elle la saisit de ses petites mains sales et reçut une claque.

— Voulez-vous cesser, cria Akoulina qui ne pouvait quitter son fourneau.

Illitch entra avec ses paquets et s'assit sur le bord du lit. Il sembla à Akoulina qu'il était bien pâle, qu'il avait une drôle de figure comme s'il avait beaucoup pleuré, mais occupée de ses pains elle n'y fit pas grande attention.

— Eh bien, Illitch, tout s'est-il bien passé heureusement?

Illitch murmura quelque chose d'inintelligible.

— Qu'est-ce que tu dis? lui cria-t-elle; as-tu été chez Madame?

Illitch, assis sur le lit, souriait de son sourire triste et profondément malheureux, sans répondre aux questions de sa femme.

— Eh! Illitch, pourquoi as-tu été si longtemps absent? continua Akoulina.

— Moi! Akoulina, j'ai rendu l'argent à Madame; si tu savais comme elle m'a remercié! dit-il en jetant un regard inquiet autour de lui.

Deux objets attiraient tout particulièrement son attention : l'enfant dans le berceau, et les cordes qui retenaient le berceau... il s'approcha et de ses doigts fins, se mit à défaire les nœuds de la corde... puis ses yeux s'arrêtèrent sur le bébé qui dormait paisiblement.

A ce moment, Akoulina arriva avec un plat de galettes.

Illitch cacha la corde dans sa poitrine et s'assit sur le lit.

— Qu'as-tu, Illitch? tu n'es pas à ton aise? lui demanda Akoulina.

— Je n'ai pas dormi.

On vit une ombre devant la fenêtre, c'était Aksioutka la femme de chambre de Madame.

— Madame ordonne à Polikei Illitch de venir immédiatement, dit-elle, essoufflée comme toujours, immédiatement, n'est-ce pas?

Polikei regarda Akoulina, puis Aksioutka.

— Je viens! Que me veut-elle? dit-il d'un ton si calme, qu'Akoulina se tranquillisa immédiatement; elle veut me donner une gratification probablement. Tu diras que je viens tout de suite.

Il se leva et sortit.

Akoulina prit un baquet, le remplit d'eau tiède :

— Viens, Machka, dit-elle, que je te lave.

Machka se mit à hurler.

— Viens, galeuse, que je te mette une chemise propre. Dépêche-toi, je dois encore laver ta sœur.

Pendant ce temps, Polikei, au lieu de suivre la femme de chambre, se dirigea d'un côté tout opposé.

Dans l'antichambre se trouvait un escalier rapide qui menait au grenier. Il jeta un regard autour de lui et voyant qu'il était seul monta rapidement jusqu'en haut...

— Qu'est-ce que cela veut dire que Polikei ne vienne pas, dit la maîtresse avec impatience en s'adressant à Douniacha qui la coiffait... Où est Polikei? Pourquoi ne vient-il pas?

Aksoutka retourna de nouveau chercher Polikeï.

— Mais il y a longtemps qu'il est parti, répondit Akoulina, qui, après avoir lavé Machoutka, se préparait à nettoyer le bébé. Il criait, se débattait, pendant que sa mère, soutenant son petit corps d'une main, le frottait de l'autre avec un morceau de savon.

— Regarde s'il ne s'est pas endormi en chemin, dit-elle avec inquiétude.

La femme du charpentier, décoiffée, soutenant ses jupons, montait au grenier pour y prendre une robe.

Un cri d'horreur retentit, et, les yeux fermés, la figure bouleversée, elle descendit l'escalier quatre à quatre.

— Illitch! cria-t-elle suffoquée.

Akoulina laissa tomber l'enfant...

— Il s'est étranglé! hurla la femme du charpentier.

Sans voir que l'enfant était tombé à la renverse dans le baquet d'eau, Akoulina accourut dans l'antichambre.

— Il s'est... pendu... à... la... poutre, dit la femme du charpentier en apercevant Akoulina.

Akoulina s'élança sur l'escalier, et avant qu'on ait pu l'en empêcher, elle grimpa les marches.

A la vue du spectacle qui s'offrait à ses yeux, elle tomba à la renverse comme une masse inerte dans les bras des voisins accourus à la hâte.

XI

Une confusion complète régna quelques minutes. Accourus en grand nombre, tous parlaient à la fois.

Akoulina, étendue sur le plancher, ne revenait toujours pas à elle.

Enfin, l'intendant, le charpentier et d'autres hommes arrivèrent; ils montèrent au grenier et la femme du charpentier recommença pour la vingtième fois au moins son récit :

— J'étais allée chercher ma robe, ne pensant à rien d'autre... Quelle fut ma terreur quand j'aperçus un homme debout, son chapeau à côté de lui, la doublure retournée. Je vois deux pieds qui se balancent, j'ai froid dans le dos... je comprends enfin que c'est Polikei qui s'est pendu... Est-ce terrible que je sois obligée de voir un spectacle pareil! je ne me souviens pas comment j'ai descendu les marches de l'escalier... C'est Dieu qui m'a sauvée, j'aurais pu me casser la tête.

Les hommes qui étaient montés racontèrent aussi qu'Illitch s'était pendu à la poutre, en manches de chemise et en pantalon, avec la corde qu'il avait prise au berceau de son enfant. Son chapeau, la doublure cela il faudrait ôter ma ceinture; je vais le faire aus-

retournée, se trouvait à côté de lui, la pelisse et le
cafetan pliés soigneusement étaient sur une poutre; les
pieds touchaient la terre. Il ne donnait plus le moindre signe de vie.

Revenue à elle, Akoulina s'élança sur l'escalier; mais
on ne lui permit pas de le gravir.

— Maman, Semka est toujours dans le bain, dit
la petite Machka, il a l'air d'avoir bien froid.

Akoulina courut précipitamment dans son coin.
L'enfant était étendu dans le baquet, ses petits pieds
étaient complètement immobiles. Elle le prit dans ses
bras, il ne bougeait pas; elle le jeta sur le lit et jeta
un grand éclat de rire qui retentit dans toute la maison.
La petite Machka, qui se mit à rire aussi fut effrayée
en voyant la figure décomposée de sa mère, et s'enfuit
en criant.

La foule entrait dans le coin de Polikei.

On emporta l'enfant, on se mit à le frictionner, peine
perdue, il était bien mort. Akoulina, renversée sur le
lit, riait toujours et son rire remplissait d'horreur la
foule.

La femme du charpentier s'adressant aux personnes qui n'avaient pas entendu son histoire, la
recommençait avec de nouveaux détails. Le vieux
sommelier, vêtu d'un casaquin de sa moitié, racontait comment, dans le temps, une femme s'était noyée
dans l'étang.

La femme de chambre Akiouska qui avait collé
l'œil à une fente dans le mur, cherchait en vain à
apercevoir le corps de Polikei.

Agéfia, l'ancienne femme de chambre de Madame,
réclamait une tasse de thé pour calmer ses nerfs.

Grand'mère Anna arrangeait de ses vieilles mains

expérimentées le petit corps de l'enfant et le couchait sur la table.

Les femmes groupées autour d'Akoulina la regardaient en silence. Les enfants se serrant les uns contre les autres examinaient leur mère et se mettaient à hurler aussitôt qu'ils entendaient son rire.

Des paysans, des enfants entouraient en foule la maison, et se demandaient ce qui était arrivé.

L'un disait que le charpentier avait coupé la jambe à sa femme d'un coup de hache ; l'autre prétendait que la blanchisseuse avait accouché de trois enfants, le troisième racontait que le chat du cuisinier dans un accès de rage avait mordu beaucoup de gens. Mais, peu à peu, la nouvelle du malheur se répandit et arriva jusqu'aux oreilles de Madame.

Iégor lui raconta ce qui était arrivé sans la préparer et lui ébranla les nerfs à tel point qu'elle fut longtemps à se remettre.

La foule commençait déjà à se calmer, la femme du charpentier alluma le samovar et se préparait à faire le thé ; les personnes qui n'avaient pas été invitées par elle crurent de leur devoir de se retirer.

La curiosité des personnes présentes était satisfaite ; elles commençaient à se retirer lorsque quelques voix crièrent :

— Voici Madame, voici Madame !

Et la foule afflua de nouveau vers l'entrée de la cabane, se demandant ce que Madame venait faire ici. Madame, pâle, les yeux rougis entra dans le coin d'Akoulina.

Toutes les têtes se serrèrent les unes contre les autres pour voir Madame de plus près ; une femme enceinte fut à moitié écrasée, mais elle ne put se décider à se retirer. C'était si intéressant de voir Madame, vêtue de dentelles et de soie, dans cet humble logis ! Que ferait-elle ? Que dirait-elle ?

Madame s'approcha d'Akoulina et la prit par la main ; l'autre repoussa la main avec violence.

Les vieux serfs secouèrent leur tête d'un air mécontent.

— Akoulina, dit Madame, tu as des enfants, pense à eux. Akoulina se leva en éclatant de rire.

— Les enfants sont tous en argent, tous en argent... Je n'aime pas le papier, murmura-t-elle précipitamment. Je disais bien à Illitch de ne jamais accepter de papier ; il ne m'a pas écoutée.

Elle se remit à rire de plus belle.

— Donnez de l'eau froide, dit Madame en cherchant une cruche de tous côtés ; mais s'étant retournée, elle aperçut le petit cadavre étendu sur la table, que grand'mère Anna continuait à habiller. Madame se retourna et tout le monde vit qu'elle se couvrait la figure d'un mouchoir pour cacher ses larmes.

Quant à grand'mère (c'était bien dommage que Madame ne vît rien, elle aurait apprécié et c'était à son intention que grand'mère Anna le faisait) elle couvrit l'enfant avec un linge, arrangea sa petite main, secoua la tête d'un air navré et soupira si profondément que Madame aurait pu apprécier son bon cœur... Mais Madame ne s'aperçut de rien ; elle se mit à sangloter et fut prise d'une attaque de nerfs.

— Ce n'était pas la peine de venir, se dirent les paysans en s'en allant.

Akoulina continuait à rire. On l'emmena dans une chambre voisine, on la saigna, on la couvrit de sinapismes. Rien n'y fit. Elle riait toujours de plus belle.

XII

La fête ne fut pas gaie à Pokrofski.

Malgré un temps superbe, le peuple ne se décidait pas à se promener, les jeunes filles ne faisaient pas de rondes, les garçons ne jouaient pas de l'harmonica et de la balaïka.

Tout le monde restait dans un coin et l'on ne parlait qu'à voix basse.

Tant qu'il fit jour, cela allait encore, mais le soir, lorsque les chiens se mirent à hurler, que le vent siffla avec force, tous les paysans furent pris d'une telle terreur, qu'ils allumèrent des cierges devant les Images. Ceux qui étaient seuls allèrent demander l'hospitalité à leurs voisins. Les chevaux et les bêtes furent oubliés. Personne ne se décidait à aller dans l'obscurité de l'étable leur donner à manger. Toute l'eau bénite que l'on avait conservée dans de petits flacons à côté des Images, fut employée, cette nuit-là, pour asperger la cabane.

Akoulina et les enfants furent emmenés dans une autre maison. Seul le petit bébé restait étendu sur la table. Madame avait envoyé deux vieilles femmes et une nonne voyageuse pour faire les prières. Elles prétendirent toutes, qu'aussitôt qu'elles cessaient de prier, on entendait remuer et soupirer au grenier, mais que, dès qu'elles disaient : « Jésus, lève-toi et que tes ennemis se dispersent », le silence se rétablissait.

La femme du charpentier invita une de ses amies et passa la nuit à prendre du thé et à bavarder avec elle. Elles prétendaient aussi toutes les deux avoir entendu craquer le plancher du grenier.

Les paysans qu'on avait placés dans l'antichambre de la cabane racontaient aussi des choses extraordinaires.

En haut, chez la maîtresse, tout le monde était sur pied. Madame était malade. Trois femmes de chambre la soignait. Douniacha, la principale, s'occupait à préparer du cérat. Aussitôt que Madame était malade, on préparait du cérat.

Toutes trois, réunies dans l'office, causaient à voix basse.

— Qui est-ce qui ira chercher de l'huile pour le cérat ? demanda Douniacha.

— Je n'irai pour rien au monde, répondit la seconde femme de chambre d'un air résolu.

— Voyons, prends Aksioutka avec toi.

— J'irai toute seule, je n'ai peur de rien, dit Aksioutka.

Aksioutka releva sa robe et partit comme un éclair en balançant son bras resté libre.

Dehors, elle fut prise d'une panique, et il lui semblait que, si elle rencontrait sa mère même, elle se mettrait à crier comme une folle.

Elle courut le long du chemin bien connu, les yeux fermés.

XIII

— Madame dort-elle ou non? demanda une voix tout près de son oreille.

Elle ouvrit les yeux et vit devant elle une personne qui lui semblait plus haute que la maison. En jetant un cri terrible, elle rebroussa chemin.

Arrivée à l'office, elle se jeta sur le banc en sanglotant. Douniacha et la seconde femme de chambre furent prises de terreur, lorsqu'elles entendirent dans l'antichambre les pas de quelqu'un qui avançait avec précaution.

Douniacha se précipita dans la chambre de Madame; l'autre se cacha derrière une armoire.

La porte s'ouvrit et le vieux Doutlof entra. Il chercha une Image et finit par faire le signe de la croix devant l'armoire vitrée où l'on mettait les tasses. Puis, sans prêter attention aux femmes de chambre, il plongea sa main dans sa poche et en sortit une lettre avec cinq cachets.

— M'as-tu effrayée, Naoumitch, dit la femme de chambre, je ne suis pas en état de prononcer un seul mot!... Je croyais que j'allais mourir.

— Vous avez dérangé Madame, dit Douniacha, pourquoi entrez-vous dans la chambre? Vous êtes un vrai paysan.

Doutlof, sans leur répondre, dit qu'il avait besoin de voir Madame.

— Madame est malade.

— C'est pour une affaire très importante, dit-il, faites savoir à Madame, que Doutlof a trouvé une lettre avec de l'argent.

Douniacha, avant d'aller l'annoncér à Madame, voulut voir l'enveloppe, elle lut l'adresse et demanda à Doutlof où il avait trouvé la lettre qu'Illitch devait apporter de la ville.

Lorsque sa curiosité fut satisfaite, elle alla annoncer à Madame la nouvelle.

Au grand étonnement de Doutlof, Madame ne voulut pas le recevoir.

— Je ne veux rien savoir, dit-elle à Douniacha. Est-ce que je sais moi, de quel paysan et de quel argent vous me parlez... Je ne peux ni ne veux voir personne, qu'on me laisse tranquille.

— Que dois-je faire? demanda Doutlof en tournant l'enveloppe entre ses grosses mains, c'est une grosse somme. Qu'est-ce qui est écrit là-dessus? demanda-t-il à Douniacha, en lui tendant l'enveloppe.

Il espérait toujours qu'on se trompait en lisant l'adresse, que cet argent n'appartenait pas à Madame.

Il soupira, mit l'enveloppe dans sa poche et se prépara à sortir.

— Il faudra que je la remette au commissaire de police, dit-il avec tristesse.

— Attends, je vais essayer de persuader à Madame de te voir, dit Douniacha... Donne moi ta lettre.

— Dites à Madame que c'est Semen Doutlof qui l'a trouvée sur la grande route.

— Bien, donne-la moi.

— Je croyais que c'était une lettre simple... mais un soldat a lu l'adresse et m'a dit qu'elle contenait de l'argent.

— C'est bon, c'est bon, donne-moi la lettre.

— Je n'ai pas osé entrer chez moi, continuait Doutlof, ne pouvant se séparer de son fardeau précieux, dites-le bien à Madame.

Douniacha prit la lettre et la porta à Madame.

— Mon Dieu, mon Dieu, Douniacha! dit-elle d'un ton de reproche... ne me parle pas de cet argent. Quand je pense au pauvre petit bébé...

— Le paysan ne sait ce qu'il doit faire de cette somme, dit Douniacha.

Madame décacheta l'enveloppe... A la vue de l'argent, elle frissonna des pieds à la tête.

— Argent fatal, que de mal il fait!

— C'est Doutlof qui l'a apporté, doit-il entrer ici?... Ou bien Madame ira-t-elle à l'office?

— Je ne veux pas de cet argent, il est maudit! Quel mal il a fait, mon Dieu! Dis-lui qu'il l'emporte, dit Madame précipitamment.

— Oui, oui, oui, répéta-t-elle à Douniacha stupéfaite, qu'il l'emporte, qu'il en fasse ce qu'il voudra, et surtout que je n'en entende plus parler!!

— Quatre cent soixante-deux roubles, Madame.

— Oui, oui, qu'il les prenne tous, répéta-t-elle avec impatience. Tu ne me comprends donc pas? Cet argent est maudit, ne m'en parle jamais... Que le paysan qui l'a trouvé l'emporte au plus vite. Va, va donc, dépêche-toi...

Douniacha alla à l'office.

— Toute la somme y est-elle? demanda Doutlof.

— Tu compteras toi-même, dit Douniacha, lui remettant l'enveloppe; on m'a ordonné de te la donner.

Doutlof mit son chapeau sur la table et commença
à compter.

Il avait compris que Madame ne savait pas faire
le compte elle-même.

— Tu compteras à la maison! C'est pour toi, tout
cet argent, dit Douniacha indignée... Je ne veux même
pas le voir, a dit Madame, donne-le à celui qui l'a
apporté.

Doutlof regarda Douniacha d'un air ahuri.

La seconde femme de chambre ne put croire une
chose aussi inouïe.

— Voyons, vous plaisantez, Avdotia Nikolaievna?

— Mais pas du tout, elle m'a dit de remettre l'argent au paysan... Eh bien! prends tes richesses et laisse-
nous tranquilles, continua-t-elle d'un ton vexé. Que
voulez-vous, c'est toujours ainsi; ce qui fait le malheur de l'un fait le bonheur de l'autre.

— Mais voyons, c'est quatre cent soixante-deux roubles!

— Eh bien, oui!... Tu mettras un cierge de dix
kopeks à Saint-Nicolas, répondit-elle avec ironie. Tu
ne comprends donc pas encore?... Si c'était au moins
un paysan pauvre, mais ce richard de Doutlof!

Doutlof finit enfin par comprendre que ce n'était pas
une plaisanterie. Il ramassa les billets et les remit avec
soin dans l'enveloppe. Pâle et tremblant, il regardait
les jeunes filles, se demandant toujours si elles ne se
moquaient pas de lui.

— Il n'a pas encore compris, dit Douniacha d'un

air moqueur, voulant montrer son mépris et pour l'argent et pour le paysan. Donne un peu que je te le ramasse!

Et elle voulut prendre l'argent.

Mais Doutlof ne lâcha pas prise; il saisit les billets, les chiffonna et les enfonça dans sa poche.

— Es-tu content?

— Je n'y comprends rien...

Il secoua la tête tout ému, et sortit, les larmes aux yeux.

Un coup de sonnette retentit dans la chambre de Madame.

— Eh bien! le lui as-tu donné?

— Oui, Madame.

— En est-il content?

— Il est fou de joie, Madame.

— Appelle-le. Je veux lui demander comment il l'a trouvé. Amène-le ici, je ne suis pas en état de me lever.

Douniacha courut et rattrapa Doutlof dans l'anti-chambre.

Il était en train de cacher l'argent dans une grosse bourse; lorsque Douniacha l'appela, il fut pris d'une frayeur inouïe.

— Qu'est-ce qu'il y a... Avdotia... Nicolaievna? Est-ce qu'elle veut me reprendre l'argent?... Prenez mon parti, Avdotia Nicolaievna; je vous apporterai du miel.

— C'est bon, c'est bon.

La porte se rouvrit et le paysan entra dans la chambre de Madame.

Il avait le cœur gros.

— Elle me le reprendra, se disait-il avec tristesse.

Il était comme dans un nuage. Les meubles, les fleurs, les tableaux, il ne distinguait rien... Enfin une forme blanche lui adressa la parole. C'était Madame.

— C'est toi, Doutlof?

— Oui, Madame... je n'y ai pas touché, c'est intact... j'ai fouetté mon cheval tant que j'ai pu pour vous l'apporter au plus vite.

— C'est ta chance! dit-elle avec un sourire de mépris. Prends-le, prends-le.

Doutlof ouvrit ses yeux démesurément.

— J'en suis contente pour toi... Dieu fasse que tu l'emploies bien. Et toi, tu es satisfait?

— Comment ne le serais-je pas? Madame. Je suis si heureux, si heureux, Madame! Je vais prier Dieu pour vous toute ma vie!

— Comment l'as-tu trouvé?

— Nous avons toujours servi Madame avec zèle et dévouement, pas comme les...

— Il a perdu la tête, Madame, dit Douniacha.

— J'ai conduit mon neveu, le conscrit, Madame. En revenant, j'ai trouvé la lettre. Polikei l'aura laissé tomber.

— Eh bien! va-t'en, va-t'en, mon brave.

— Je suis si heureux, Madame, répétait le paysan.

Tout à coup, l'idée lui vint qu'il n'avait pas remercié sa maîtresse, mais ne sachant comment s'y prendre, il s'éloigna rapidement, tourmenté par l'idée qu'on allait le rappeler et lui enlever l'argent.

XIV

Lorsqu'il fut enfin dans la rue, il alla se cacher à l'ombre des tilleuls, quoique la nuit fût sombre, ôta sa ceinture, prit sa bourse et se mit à ranger les billets l'un après l'autre. Ses lèvres remuaient tout le temps, quoiqu'il ne prononçât pas une parole.

Il serra l'argent, remit sa ceinture et s'en alla d'un pas chancelant comme un homme ivre. Il aperçut, tout à coup, un gros paysan devant lui un grand bâton à la main.

C'était Efim qui se promenait devant la cabane de Polikei.

— Eh! oncle Doutlof, dit enfin Efim avec joie.

Il se sentait mal à son aise dans l'obscurité.

— Oui. Que fais-tu là?

— Moi? On m'a mis là pour surveiller la cabane où Polikei s'est étranglé.

— Où est-il?

— On dit qu'il s'est pendu au grenier, répondit Efim. Le commissaire est arrivé, paraît-il... on va tout de suite y aller; c'est bien effrayant tout cela, pendant la nuit!... Pourvu qu'on ne m'oblige pas d'y monter,

il me semble que je ne me déciderais jamais. On me
tuerait que je n'irais pas, je t'assure, oncle Doutlof.

— Quel péché, mon Dieu! Quel péché! répétait
Doutlof pour dire quelque chose, en se demandant
comment il pourrait s'esquiver au plus vite, mais la
voix de Iégor Ivanovitch l'arrêta.

— Eh là-bas! gardien, viens ici.

— Tout de suite, Monsieur, répondit Efimka.

— Qui est là, avec toi?

— C'est l'oncle Doutlof.

— Approche aussi, Doutlof.

En s'approchant, Doutlof aperçut la figure de l'intendant; à côté de lui se tenait un inconnu, une casquette à cocarde sur la tête.

— Le vieux ira aussi avec nous, dit Iégor Ivanovitch.

Le vieux fut pris de terreur, mais il n'osa répli-
quer.

— Toi, Efimka, qui es jeune, monte vite au grenier
où Polikei s'est pendu, arrange l'échelle pour que
Monsieur ne se fasse pas de mal.

Efimka qui, quelques minutes auparavant, avait
déclaré qu'il ne monterait pour rien au monde, partit
comme un trait.

Le commissaire sortit son briquet et alluma sa
pipe. Il était plein de zèle parce que, deux jours auparavant, le chef de police l'avait réprimandé sévèrement
pour sa passion pour le vin. Aussi, à peine arrivé,
voulut-il examiner le cadavre sur les lieux.

Iégor Ivanovitch demanda à Doutlof ce qu'il faisait.
Chemin faisant, le vieux raconta à l'intendant l'histoire de la lettre et de son entrevue avec Madame.

Doutlof ajouta qu'il venait demander à l'intendant la permission de garder l'argent.

Quelle fut son émotion, lorsque ce dernier s'empara de l'enveloppe. Le commissaire lui fit un interrogatoire d'un ton sec et impérieux.

— Mon argent est perdu, se dit Doutlof ému, mais le commissaire lui rendit l'enveloppe.

— A-t-il de la chance, ce morveux! dit-il.

— Cela se trouve très bien, répondit Iégor Ivanovitch, il vient de conduire son neveu au régiment, il pourra maintenant lui acheter un remplaçant.

— Ah! dit le commissaire.

— Achètes-tu un remplaçant pour Iliouchka?

— Comment faire? Y aura-t-il assez d'argent? Y aura-t-il assez d'argent? Et puis je pense que c'est trop tard.

— Cela te regarde, dit l'intendant en se dirigeant vers la cabane.

Ils entrèrent dans l'antichambre, où les gardiens les attendaient avec des lanternes. Doutlof les suivait. Un silence régnait.

— Où est-ce? demanda le commissaire.

— Ici, répondit Iégor Ivanovitch à voix basse. Efimka, tu es jeune ajouta-t-il, prends la lanterne et monte le premier.

Efimka semblait avoir oublié sa terreur. Il montait l'échelle quatre à quatre, en se retournant, de temps en temps, pour éclairer le chemin avec la lanterne.

Derrière le commissaire marchait Iégor Ivanovitch.

Lorsqu'ils disparurent dans l'ouverture du grenier, Doutlof fit un pas pour avancer, soupira et s'arrêta. Deux minutes environ s'écoulèrent, leurs pas s'éloignèrent, ils s'approchaient du cadavre, **probablement,**

— Oncle, on t'appelle, cria Efimka en montrant sa tête par l'ouverture du grenier.

Doutlof grimpa.

La lanterne éclairait l'intendant et le commissaire, derrière eux quelqu'un se tenait debout. C'était Polikei. Doutlof monta enfin, et fit le signe de croix.

— Retournez le cadavre, ordonna le commissaire.

Personne ne bougea.

— Efimka, tu es un jeune garçon, dit l'intendant.

Le jeune homme ne se le fit pas répéter. Il prit Polikei à bras le corps et le retourna.

— Encore un peu.

Il retourna encore le cadavre.

— Défaites la corde.

— Faut-il couper la corde? Boris Ivanovitch, demanda Iégor Ivanovitch.

— Donnez donc une hache, vous autres.

Les gardiens et Doutlof n'osaient faire un pas. Quant à Efimka, il empoignait le cadavre, comme si c'était un mouton qu'on venait de tuer. On finit par couper la corde et par étendre Illitch sur le plancher.

Le commissaire dit qu'il n'avait plus rien à faire, que le médecin viendrait demain et on se dispersa.

XV

Doutlof se dirigea vers sa cabane.

L'impression triste qu'il avait éprouvée à la vue du cadavre, s'effaçait à mesure qu'il approchait de sa demeure, et une joie immense s'emparait de lui à l'idée de la fortune qu'il avait dans sa poche.

De tous côtés on entendait des chants et des querelles de paysans ivres. Doutlof, qui n'avait bu de sa vie, passa tranquillement devant les cabarets.

Il était tard lorsqu'il revint chez lui. Sa vieille femme dormait depuis longtemps. Le fils aîné et ses enfants ronflaient sur le poêle, le second fils était absent. Seule la femme d'Iliouchka ne dormait pas. Vêtue d'une chemise sale, la tête décoiffée, elle hurlait en balançant son corps.

En entendant les pas de son oncle, elle ne se leva pas pour lui ouvrir, mais se remit à hurler de plus belle. La vieille Doutlof trouvait que sa bru savait très bien hurler, malgré son jeune âge.

Doutlof, en entrant, appela sa femme, qui se leva à la hâte pour lui donner à manger. Les larmes et les paroles incohérentes, que prononçait la jeune femme, finirent par agacer le vieux.

— Cesse donc, lui dit-il, et laisse-moi tranquille.

Il soupa en silence, fit ses prières, se lava les mains et se retira dans son petit réduit, accompagné de sa femme.

Après avoir eu une longue conversation avec elle à voix basse, il ouvrit le coffre, le referma et descendit à la cave.

Lorsqu'il rentra dans la cabane, la chandelle était consumée, une obscurité complète y régnait.

La vieille ronflait, étendue sur un banc de bois, la femme du conscrit dormait tranquillement. Doutlof la regarda, secoua la tête, fit ses prières et monta sur le poêle où il se coucha à côté de son petit-fils.

Il ne pouvait s'endormir et se retournait sur un côté, puis sur l'autre.

La lune se leva enfin et éclaira la cabane, il put distinguer sa bru étendue par terre. Quelque chose se trouvait à côté d'elle qu'il ne pouvait bien voir. Était-ce une tonne ou quelque ustensile de ménage oublié là? Il s'assoupit pendant quelques secondes, se leva en sursaut, regarda autour de lui d'un œil effaré.

L'esprit malin qui avait été cause de la mort d'Illitch semblait se promener dans le village et vouloir venir se loger dans la cabane où se trouvait la lettre fatale.

Doutlof terrifié sentait *sa présence.*

En apercevant l'objet qu'il ne pouvait bien distinguer, il pensa à Iliouchka, les mains attachées derrière le dos, à sa jeune femme, à Illitch pendu au grenier...

Tout à coup, il lui sembla que quelqu'un passait devant la fenêtre.

— Qu'est-ce que cela peut être? se demanda-t-il, est-ce le bailli qui vient réclamer sa part... Comment a-t-il pu ouvrir? continua-t-il en entendant des pas dans l'antichambre. La vieille n'aura pas fermé le loquet.

Un chien se mit à hurler dans la cour, et LUI, comme le racontait après le vieux, il avançait toujours à pas lents, comme s'IL cherchait la porte, tâtant le mur avec la main. Il s'accrocha au tonneau d'eau qui se trouvait dans un coin et manqua le renverser.

Et de nouveau, Il se remit à fouiller en cherchant la porte.

Une sueur froide couvrit la figure du vieux Doutlof.

La porte s'ouvrit enfin et il entra ayant pris la forme humaine.

Doutlof savait bien que c'était Lui. Il voulut faire le signe de la croix, mais il ne put lever le bras. Il s'approcha de la table couverte d'une nappe et la jeta par terre, puis Il se mit à grimper sur le poêle. Le vieux vit qu'il avait pris la forme d'Illitch. Les mains pendant le long du corps, il souriait en le regardant. Une fois sur le poêle, Il se coucha sur le vieux et se mit à l'étouffer.

— C'est mon argent, disait-il.

— Laisse-moi, je t'en prie, voulait dire le vieux, mais il ne pouvait desserrer les dents.

Le poids d'Illitch lui semblait une montagne de pierre. Le vieux n'en pouvait plus.

Il savait qu'il suffisait de réciter une certaine prière pour qu'Il disparaisse, mais il ne pouvait proférer une parole.

Dans sa lutte avec l'Esprit Malin, il avait serré son petit-fils contre le mur, l'enfant pleurait et se débattait. Ses cris délièrent la langue du grand-père.

— Dieu ressuscité! s'écria-t-il.

L'Esprit le relâcha un peu.

— Que tes ennemis se dispersent!... continuait-il.

L'Esprit descendit du fourneau.

Doutlof l'entendit toucher à terre avec ses deux pieds. Il disait toutes les prières qu'il connaissait... L'Esprit Malin se dirigea vers la porte et, en sortant, la ferma avec une telle violence, que toute la cabane fut secouée. Tout le monde dormait, sauf le vieux et l'enfant, qui pleurait et se serrait contre son grand-père.

Le silence se rétablit enfin.

Le coq chanta trois fois. Les poules se réveillèrent. Quelque chose bougea sur le poêle; c'était le chat qui sauta à bas et miaula près de la porte.

Doutlof se leva, alla ouvrir la croisée. Il sortit dans la cour et se dirigea vers les chevaux en faisant le signe de la croix.

On voyait qu'il avait passé par là. La jument avait renversé son avoine et, les pieds embarrassés dans sa bride, attendait qu'on vînt à son secours. Le poulain était renversé sur un tas de fumier. Le vieux le releva, débarrassa la jument, leur remplit la mangeoire et retourna dans la cabane.

La vieille était déjà debout et allumait le feu.

— Réveille les enfants, je m'en vais en ville, lui dit-il en se dirigeant vers la cave.

Lorsqu'il revint, le feu était déjà allumé chez tous les voisins. Ses fils faisaient les préparatifs de départ.

Le vieux, sans regarder ses enfants, endossa son cafetan neuf. mit sa ceinture et, l'enveloppe cachée dans sa poitrine, se dirigea vers le comptoir.

— Je ne te conseille pas de lambiner, entends-tu? Je reviens tout de suite, que tout soit prêt.

L'intendant venait de se lever. Assis devant la table, il prenait du thé.

— Que me veux-tu?

— Moi, Iégor Ivanovitch, je vais racheter mon garçon. Vous me disiez l'autre jour que vous connaissiez un remplaçant. Ayez pitié de notre ignorance; apprenez-moi ce que je dois faire.

— Tu as donc changé d'avis?

— Oui, monsieur, c'est l'enfant de mon frère; cela me fait de la peine. L'argent entraîne toujours le péché... J'aime mieux ne plus en avoir. Je compte sur votre bonté, répéta le vieux, s'inclinant devant l'intendant.

Iégor Ivanovitch, après avoir pris une mine grave et sérieuse, écrivit deux lettres et lui expliqua tout ce qu'il avait à faire.

Lorsque Doutlof revint chez lui, son fils Ignate et sa bru étaient partis. Sa petite charrette l'attendait devant la porte. Il arracha une branche, s'assit, prit les guides et fouetta le cheval qui partit au trot. L'idée qu'il arriverait trop tard, que Illiouchk serait déjà expédié aux casernes, et que l'argent du Malin resterait entre ses mains ne lui laissait aucun repos.

Nous n'entrerons pas dans les détails de toutes les courses que le vieux eut à faire; disons seulement qu'il eut une chance extraordinaire ce jour-là.

La personne, chez qui l'intendant l'avait envoyé, lui proposa un remplaçant tout disposé à se vendre. Il demandait quatre cents roubles à un paysan qui,

depuis trois semaines, ne lui en offrait que trois cents.
Doutlof termina l'affaire en quelques mots :

— Prends-tu trois cents et un quart? dit-il en lui
tendant la main, d'un air qui indiquait qu'il était tout
disposé à donner davantage.

L'autre persistait à demander davantage.

— Tu ne veux prendre trois cents et un quart? tu
ne veux décidément pas? Eh bien! que le bon Dieu
te bénisse; prends trois cents et demi. Prépare-moi un
reçu, amène le garçon. Tiens, voici deux rouges
d'avance.

L'autre avait l'air d'hésiter et ne prenait pas l'argent que Doutlof lui tendait.

— Nous sommes tous mortels, insistait-il en lui
offrant l'argent. Cède donc? Pense à mon pauvre garçon!

— Il n'y a rien à faire, répondit l'autre enfin, en
faisant le signe de la croix. Que Dieu vous assiste!

On réveilla le remplaçant qui, ivre depuis la veille,
dormait étendu par terre, on l'examina et on partit.

Chemin faisant, le remplaçant insistait pour qu'on
lui offrît du rhum pour se rafraîchir; Doutlof lui donna de l'argent pour s'en acheter.

Entrés dans la maison où se faisait le recrutement,
ils restèrent longtemps dans l'antichambre sans savoir
à qui s'adresser ni où aller. Le remplaçant commençait déjà à reprendre courage. Le vieux Doutlof se
désolait, lorsqu'il aperçut Iégor Ivanovitch. Il le saisit par le pan de sa redingote et le supplia de lui venir
en aide. Iégor Ivanovitch s'y prit si bien que, vers trois
heures, tout fut terminé. Le remplaçant fut reconnu
bon pour le service. Cinq minutes plus tard, Doutlof
compta la somme au marchand, reçut la quittance et

se dirigea d'un pas léger et content vers la maison où se trouvaient les recrues de Pokrofsky.

Ilia et sa jeune femme, assis dans un coin, se parlaient en chuchotant. Aussitôt qu'ils virent entrer le vieux, ils cessèrent leur conversation et le regardèrent d'un air méfiant.

Le vieux, selon son habitude, commença par faire le signe de la croix, puis il enleva sa ceinture et sortit de sa poche intérieure un papier. Il appela alors son fils aîné et la mère d'Iliouchka.

— Iliouchka, tu m'as dit une parole bien dure l'autre soir; c'est un grand péché. Crois-tu que je ne te plains pas? Je me souviens, comme si c'était hier, du jour où ton père t'a confié à moi. Si je l'avais pu, crois-tu que je n'aurais pas fait mon possible pour te garder avec moi? Dieu m'a envoyé une grande joie et j'en ai profité pour te libérer du service... Voici le petit papier, dit-il en posant la quittance sur la table et en le déployant de ses vieux doigts crochus.

Tous les ouvriers du marchand, les paysans de Pokrofsky, et les recrues envahirent la pièce.

Ils devinaient de quoi il s'agissait, mais personne n'osa interrompre le vieux qui, de sa voix solennelle, continua :

— Voici le papier en question! Je l'ai payé quatre cents roubles! Ne fais plus de reproches à ton vieil oncle!

Iliouchka se leva. Son émotion l'étranglait, il ne put proférer une seule parole. Sa vieille mère voulut se jeter au cou de son fils, mais le vieux l'éloigna d'un geste impérieux et continua :

— Tu m'as dit une parole hier, une parole que je ne puis oublier. Elle m'a fait tout aussi mal que

si l'on m'enfonçait un couteau dans le cœur. Ton
père t'a confié à moi. Je t'ai toujours traité comme
mon propre enfant. Si je t'ai fait du tort, je suis
pécheur comme tout le monde... Ai-je raison, chrétiens? dit-il en s'adressant aux paysans.

— Voici ta mère, voici ta femme : tenez le reçu.
Pardonnez-moi au nom du Christ, si je vous ai fait
du tort sans le vouloir.

Il se baissa, se mit à genoux et se prosterna aux
pieds d'Iliouchka et de sa femme.

Les jeunes gens avaient beau le retenir, c'était en
vain, il toucha la terre de son front, se releva et s'assit sur le banc tout essoufflé.

La mère d'Iliouchka et sa jeune femme hurlaient
de joie à qui mieux mieux, on entendait dans la foule
des paroles d'approbation et même d'admiration.

— Il agit selon Dieu et la justice, disaient les uns.

— Qu'est-ce que l'argent? On ne peut acheter un
fils avec de l'argent.

— Quelle joie pour la famille, entendait-on d'un
autre côté... Il n'y a rien à dire, c'est un homme équi-
table et juste.

Seules les autres recrues ne disaient rien, et ne
prenaient aucune part à cette joie commune.

Deux heures plus tard, les deux charrettes des
Doutlof reprenaient le chemin du village.

Dans la première étaient assis le vieux et son fils
Ignate. Un paquet rempli de thé, de galettes et autres
bonnes choses se trouvait à leurs pieds.

La vieille mère et la jeune femme se trouvaient
avec Iliouchka dans la seconde charrette, la tête
couverte d'un mouchoir, heureuses et tranquilles.

La jeune femme tenait en main un **flacon d'eau-de-vie**... Iliouchka, tout rouge, causait avec animation en mangeant un morceau de pain. Les chevaux, abandonnés à eux-mêmes, avançaient avec plus de rapidité; les passants se retournaient involontairement **en** voyant les figures épanouies des paysans.

Au moment de quitter la ville, ils rencontrèrent les recrues qui étaient groupées autour d'un cabaret. L'un d'eux, **avec l'air** gêné qu'ont **les** personnes auxquelles on **a rasé** les cheveux, la casquette sur la nuque, pinçait de la balaoka, un autre, un flacon d'eau-de-vie à la main, dansait au milieu d'un cercle **de** curieux.

Ignate **arrêta son** cheval pour arranger la bride **et** tous les Doutlof regardèrent avec attendrissement **le** danseur.

Le conscrit semblait ne rien voir. Il sentait **que** la foule des spectateurs allait en augmentant **et** dansait avec plus d'entrain.

Les sourcils froncés, la figure immobile, le sourire aux lèvres, il dansait avec une adresse surprenante. Il semblait que tous ses efforts tendaient à tourner avec le plus de rapidité possible. De temps en temps, il clignait de l'œil au musicien qui se mettait à jouer avec plus d'entrain. Immobile pendant quelques secondes, il s'élançait de nouveau, faisait des sauts périlleux et recommençait à tourner sur place. Les enfants riaient, les femmes secouaient la tête, les hommes regardaient avec approbation. Le musicien, fatigué, fit un accord faux et s'arrêta.

— Eh! Alechka, cria-t-il au danseur, en lui montrant Doutlof du doigt, voici ton parrain!

— Où cela, mon cher ami? cria Alechka, le conscrit que Doutlof avait acheté. Il traînait ses pieds fatigués par la danse et élevant le flacon d'eau-de-vie au-dessus de la tête, il s'approcha de la charrette.

— Michka, un verre et vivement! Quelle joie, mon cher ami, de te voir! criait-il en chantant.

Et, versant de sa main tremblante l'eau-de-vie dans les verres, il en offrait aux femmes et aux hommes. Les paysans burent, mais les femmes s'y refusèrent.

— Que pourrais-je vous offrir, mes chères âmes? criait Alechka en les embrassant.

Une marchande se tenait à côté, un panier de friandises à la main, il le lui arracha et en versa le contenu dans la charrette.

— N'aie pas peur, je paierai pour tout le monde, que diable! hurla-t-il d'une voix pleurnicheuse, en sortant de sa poche une bourse avec de l'argent.

— Où est ta mère? demanda-t-il. C'est toi? Eh bien! je lui donnerai aussi un cadeau.

Il mit la main dans sa poche, en sortit un mouchoir neuf, enleva un essuie-mains qui lui entourait la taille, ôta un mouchoir rouge qu'il portait au cou et jeta le tout à la vieille.

— C'est pour toi, je te le donne.

Et sa voix devenait toujours plus mélancolique.

— Pourquoi cela, mon pauvre garçon; quel cœur simple! disait la vieille avec attendrissement.

Alechka baissait toujours la tête davantage et continuait :

— C'est pour vous que je m'en vais; c'est pour vous que je me sacrifie. C'est pour cela que je vous offre des cadeaux.

— Il a peut-être une mère encore! cria une voix dans la foule. Cœur simple, va!

Alechka releva la tête.

— Si j'ai une mère, certainement, et un père aussi. Ils m'ont tous renié.

— Ecoute-moi bien, vieille, ajouta-t-il, en saisissant la mère d'Iliouchka par la main. Je t'ai fait des cadeaux... Ecoute-moi au nom du Christ... Tu iras au village Wodnoïé, tu demanderas la vieille Nikonof. C'est ma mère, comprends-tu bien. Tu lui diras à cette vieille Nikonof que son Alechka... Non, je ne puis continuer... tu lui diras... que... son fils... Allons, musicien, recommence!

Et jetant le flacon d'eau-de-vie par terre, il se remit à danser comme un possédé.

Ignate remonta dans la charrette et donna un coup de fouet au cheval.

— Adieu! que Dieu t'assiste, cria la vieille mère d'Iliouchka, les larmes aux yeux.

Alechka s'arrêta.

— Mais allez donc tous au diable tant que vous êtes! cria-t-il, les menaçant de ses deux poings. Que le diable les emporte!

— Oh! Seigneur mon Dieu! soupira la vieille en faisant le signe de la croix.

Les deux charrettes partirent.

Alechka, au milieu de la route, les regardait s'éloigner, les poings serrés, les yeux injectés, les maudissant.

— Pourquoi vous arrêtez-vous ? Allez-vous-en, démons! canailles! criait-il, je vais vous rattraper, rustres, rutres!

Epuisé, il tomba par terre.

Bientôt après, les Doutlof furent assez loin pour ne plus entendre les imprécations du pauvre cons-

crit. Le vieux s'était endormi. Ignate, tout doucement,
descendit de sa charrette et s'approcha de celle de
son cousin. Ils partagèrent le flacon d'eau-de-vie que
la jeune femme tenait à la main.

Iliouchka entonna une chanson. Ignate, qui marchait à côté de lui, jetait un cri de joie de temps en
temps. La jeune femme se joignit à eux.

Et la vieille couvait ses enfants d'un œil attendri.

LE PÈRE SERGE

CHAPITRE PREMIER

Vers l'année 1840, St-Pétersbourg fut bouleversé par un événement dont tous restèrent stupéfaits: le beau prince Kassatski, chef de l'escadron d'élite du régiment des cuirassiers, futur aide de camp de l'empereur Nicolas 1er, était alors fiancé à une haute dame de la cour, non seulement célèbre pour sa beauté, mais encore en grande faveur auprès de l'Impératrice. Soudain, un mois avant le mariage, Kassatski auquel on pouvait prédire la plus brillante carrière auprès de Nicolas Ier, brisa ses fiançailles, donna sa démission et ayant légué son bien à sa sœur, partit pour un monastère avec la volonté de se faire moine.

Cet événement parut extraordinaire et incompréhensible à ceux-là seuls qui en ignoraient les causes intimes. Quant au prince Stéphan Kassatski, cela lui parut si naturel qu'il ne pouvait même pas concevoir une autre solution.

Le père du jeune homme, colonel retraité de la garde, était mort laissant son fils âgé de douze ans. Si douloureuse que fût pour la mère, le devoir d'éloigner l'enfant de la maison, elle n'osa pas contredire la dernière volonté de son mari qui avait ordonné d'envoyer Stephan à l'école des cadets. Puis la veuve partit pour Pétersbourg, emmenant sa fille, afin d'habiter la ville où se trouvait son fils qu'elle voulait avoir chez elle aux fêtes et aux vacances.

Le garçon, pourvu non seulement de brillantes facultés, mais encore d'une grande ambition, devint bientôt le premier élève de sa classe, tant en sciences et surtout en mathématiques pour lesquelles il avait un goût très prononcé, que pour le service militaire et l'équitation. Malgré sa taille au-dessus de la moyenne, il était très beau et très agile. Sa conduite aurait été celle d'un élève modèle, s'il n'avait eu un caractère emporté. Il ne buvait pas, n'était pas débauché et montrait un esprit particulièrement droit. La seule chose qui l'empêchât d'être proposé en exemple à tous, était ces accès de colère au cours desquels il oubliait toute retenue et devenait une véritable bête féroce. Une fois, il faillit jeter par la fenêtre un de ses camarades qui s'était moqué de sa collection de minerais. Un autre jour, il lança un plat sur l'économe, se précipita sur l'officier et le frappa parce que celui-ci avait renié sa propre parole et avait menti. Il eût certainement été dégradé et envoyé dans un régiment si le directeur du corps n'avait pas étouffé l'affaire en chassant l'économe. A dix-huit ans il sortit officier et fut envoyé dans un régiment de la garde. L'empereur Nicolas Pavlovitch qui l'avait connu à l'école, le distingua aussi au régiment, ce qui fit prophétiser sa promotion au grade d'aide de camp. Le jeune homme le désirait ardemment non seulement par ambition, mais surtout à cause de son attachement passionné à l'Empereur, attachement qui datait de ses années d'école.

Chaque fois que le souverain arrivait et que sa haute
stature avec sa poitrine bombée, son nez aquilin au-
dessus de sa moustache et des favoris taillés en rond
apparaissait et que sa voix puissante saluait les cadets,
Kassatski ressentait presque l'émotion d'un amoureux,
la même qu'il devait ressentir plus tard avec l'objet
de son amour. Cependant l'extase à la vue de Nicolas
était plus forte, car à chaque fois il eût voulu lui prouver son dévouement sans borne en se sacrifiant pour
lui.

Nicolas Pavlovitch connaissait cette émotion et se
plaisait sciemment à la provoquer. Il jouait avec les
cadets, s'entourait d'eux, les traitant tantôt avec une
simplicité enfantine, tantôt avec une grandeur souve-
raine.

Après la dernière histoire de Kassatski avec l'économe, Nicolas ne lui avait rien dit, mais quand le garçon s'était approché de lui il l'avait repoussé d'un geste
théâtral et, les sourcils froncés, l'avait menacé du
doigt. Puis il lui dit en partant: « Sachez que rien
n'est ignoré de moi et si je ne veux pas savoir quelques faits, néanmoins, ils sont ici ». Et ce disant, il
désigna son cœur.

Quand les cadets sortants furent présentés à l'Empereur, il feignit d'avoir tout oublié. Il leur dit qu'ils
pouvaient s'adresser directement à lui et que s'ils s'efforçaient de bien servir leur tsar et leur patrie, il resterait toujours leur premier ami. Comme toujours tous
furent très émus et Kassatski qui se souvenait du passé,
avait pleuré à chaudes larmes en se jurant de servir
de toutes ses forces son tsar bien-aimé.

Quand le jeune prince eut pris du service dans son
régiment, sa mère et sa sœur quittèrent Pétersbourg

pour se retirer d'abord à Moscou, puis à la campagne.
Kassatski avait donné à sa sœur la moitié de son
bien et ce qui lui restait était juste nécessaire pour vivre
dans ce régiment où tout était riche et luxueux.

L'apparence de Kassatski était celle d'un jeune et
brillant officier de la garde, en train de faire une belle
carrière. Mais, intérieurement, il y avait en lui une
pensée complexe et tendue. Cette tension mentale
avait commencé dès son enfance. A cette époque, elle
avait sans doute été plus diverse, mais en réalité elle
se poursuivait tendant seulement à rechercher la perfection, la réussite et à provoquer l'admiration d'autrui dans toutes ses entreprises. S'il s'agissait de science,
il s'acharnait au travail jusqu'à ce qu'on l'eût com-
plimenté et donné en exemple. Lorsqu'il avait atteint
ce but momentané, il en cherchait un autre. Ainsi,
arrivé aux premières places en science, il avait remarqué que son français laissait à désirer: aussi arriva-
t-il à le parler comme le russe.

Toujours, en plus de son but général qui était de
servir le tsar et la patrie, il se proposait un autre but,
où, qu'elle qu'en pût être l'insignifiance, il s'adon-
nait tout entier et vivait jusqu'au moment où il l'avait
parfaitement atteint. Ce désir de se distinguer et d'arriver à un but bien déterminé remplissait sa vie.
Ainsi, au moment de sa nomination, il voulut atteindre
la perfection dans la connaissance du service, ce à
quoi il parvint malgré son irascibilité qui l'incitait
souvent à des actes nuisibles à son avancement. Ensuite, s'étant aperçu, au cours de conversations, de son
manque de connaissances générales, il n'eut qu'une
pensée : combler cette lacune. Et s'étant mis aussitôt
à l'étude, il devint bientôt un causeur brillant. Enfin,

pris du désir de conquérir une place brillante dans
la haute société, il apprit à danser d'une façon impec-
cable et arriva à se faire inviter à tous les bals et
aux soirées intimes. Mais cette situation ne le satisfit
pas, car, habitué à être le premier partout, ici il était
loin de l'être.

La haute société d'alors — comme toujours et partout d'ailleurs, — était composée de quatre sortes de
gens : de riches courtisans, de gens de fortune modeste,
mais bien nés et élevés à la cour, de gens riches cherchant à approcher les courtisans; et de gens peu for-
tunés n'appartenant pas à la cour et cherchant à se
faufiler dans les deux premières catégories. Kassatski
n'appartenait pas à cette dernière, mais était fort bien
vu des deux autres.

Dès sons entrée dans le monde il se posa un but :
une liaison avec une femme de la haute société. Et
il fut tout étonné d'arriver si vite à un résultat. Mais
il s'aperçut aussitôt que les cercles parmi lesquels il
évoluait étaient inférieurs. Il y avait donc des cercles
supérieurs à la cour dans lesquels, bien qu'admis, il
était considéré en étranger. On était poli avec lui, mais
il sentait que là encore on était entre soi et que lui
n'en était pas. Or il voulait « en être ». C'est pour cela
qu'il fallait devenir aide de camp de l'empereur ou
épouser une femme de très haute condition. Il décida
donc d'y parvenir coûte que coûte.

Il choisit une belle jeune fille de la cour, non seulement admise dans les cercles où il voulait pénétrer,
mais encore recherchée par les gens les plus hauts
et les plus solidement placés. C'était la comtesse Korot-
koff.

La cour que faisait Kassatski n'avait pas unique-

ment pour but sa carrière. La jeune fille avait un charme particulier et le prince en devint bientôt réellement amoureux. Au début, elle lui avait marqué quelque froideur. Mais soudain tout avait changé. Elle
était devenue très affable et sa mère se prit à inviter
Kassatski à toute occasion.

Le prince fit sa demande, fut agréé et encore une
fois il s'étonna de la facilité avec laquelle il atteignait ce bonheur, et aussi, de ce qu'il trouvait d'un peu
étrange dans la conduite et de la mère et de la fille.
Aveuglé par son amour, il n'avait pas remarqué ce
que tous savaient : depuis un an seulement sa fiancée
avait cessé d'être la maîtresse de Nicolas Pavlovitch.

Quinze jours avant le jour fixé pour le mariage,
Kassatski se trouvait à Tsarkoieselo dans la villa de
sa fiancée. C'était une chaude journée de mai. Les
deux fiancés qui venaient de se promener dans le jardin s'assirent sur un banc à l'ombre d'une allée de
tilleuls. Vêtue d'une robe de mousseline blanche, Mary
semblait l'incarnation de l'amour et de l'innocence.
Tantôt elle baissait la tête, tantôt regardait de dessous le grand beau jeune homme qui lui parlait avec
une tendresse réservée et dont chaque geste semblait
craindre d'offenser ou de salir son angélique pureté.

Kassatski appartenait à cette race d'hommes des
« années quarante » dont il ne reste plus, à ces hommes qui, tout en n'étant pas eux-mêmes exempts de
perversité sexuelle, recherchaient chez leurs femmes
pureté idéale et céleste. Ils la rconnaissaient à chaque
jeune fille de leur monde et la traitaient en consé-
qeunce. Dans cette considération, il y avait peut-être
un peu d'injustice vis-à-vis de la perversité qu'ils se
permettaient à eux-mêmes, mais la considération qu'ils

avaient pour les femmes et qui les distinguait si nette-
ment des jeunes gens d'aujourd'hui, — ceux-ci ne
voyant dans la femme qu'une femelle — cette considération, je crois, n'était pas sans avantages. Les jeunes filles, devant cette déification dont elles étaient
l'objet, cherchaient à paraître plus ou moins déesses.

Kassatski était ainsi et il considérait de ce point de
vue sa fiancée. Il l'aimait particulièrement ce jour-là
et loin de ressentir le moindre désir charnel, la regardait au contraire avec tendresse, comme il eût fait de
quelque vision inaccessible. Debout de toute sa grande
taille il se tenait devant elle les deux mains appuyées
sur la garde de son sabre.

— C'est maintenant seulement que je connais tout
le bonheur que peut ressentir un homme et c'est vous,
c'est toi, ajouta-t-il avec un sourire timide, c'est toi
qui me l'as procuré.

Il était dans cette période où le tutoiement n'est pas
encore habituel et il lui était difficile, bien que la dominant par sa taille, de tutoyer cet ange.

— Je me suis connu grâce... à toi; j'ai su que je
suis meilleur que je ne croyais.

— Je le sais depuis longtemps et c'est pour cela
que je vous ai aimé.

Le rossignol lança une note dans le voisinage. Les
jeunes feuilles frémirent sous la brise.

Il prit sa main, la baisa et les larmes lui vinrent aux
yeux.

Elle comprit qu'il la remerciait de lui avoir dit son
amour.

Silencieux, il se mit à marcher, fit quelques pas et
s'assit.

— Vous savez... tu sais... enfin c'est égal... ma cour

auprès de toi ne fut tout d'abord pas désintéressée.
Je voulais grâce à toi être en relations avec le monde...
Mais après... tout cela devint si mesquin, lorsque je
te connus vraiment. N'es-tu pas fâchée?

Sans répondre, de sa main elle toucha la sienne.

Il comprit que cela voulait dire : Non, ça ne me
fâche pas.

— Mais tu as dit...

Il s'arrêta, car ce qu'il voulait dire lui parut trop
osé.

— ...tu as dit que tu m'aimais. Je te crois, mais
pardonne-moi, il me semble que quelque chose te
trouble et t'empêche de parler. Qu'est-ce donc?

— Maintenant ou jamais, songea-t-elle. Il le saura
un jour, mais il ne s'en ira pas, car s'il s'en allait
ce serait terrible.

Son regard amoureux s'éleva vers ce visage grand,
noble et puissant. Maintenant elle l'aimait plus que
Nicolas; et si ce n'avait été la couronne d'empereur
elle n'aurait certes pas hésité.

— Ecoutez, je ne puis plus dissimuler la vérité;
je dois tout vous dire. Vous me demandez si j'ai aimé...

Dans un geste suppliant, elle mit la main sur celle
de son fiancé. Il se taisait.

— Vous voulez savoir qui? Lui, l'Empereur.

— Nous l'aimons tous. J'imagine qu'à votre pen-
sionnat...

— Non, plus tard. Je fus comme attirée vers lui.
Mais maintenant c'est passé... Mais il faut que je
vous dise...

— Quoi, alors?

— Non, ce ne fut pas un simple amour de tête...
Elle se couvrit le visage de ses mains.

— Comment, vous vous êtes donnée à lui?
Elle ne répondit pas.

— Vous fûtes sa maîtresse?
Elle se taisait toujours.

Il se dressa et, pâle comme la mort, les joues trem-blantes, se tenait devant elle. Il se rappela soudain combien Nicolas Pavlovitch en le rencontrant sur le Newski s'était montré bienveillant et l'avait félicité.

— Mon Dieu, qu'ai-je fait! Stéphan!

— Ne me touchez pas! ne me touchez pas! Que j'ai mal.

Il se retourna et marcha dans la direction de la maison.

Il rencontra la mère de sa fiancée.

— Qu'avez-vous, prince?

— Je...

Elle se tut en voyant son visage où tout le sang de son corps semblait affluer.

— Vous le saviez et vous vouliez que je leur serve de paravent. Ah! si vous n'étiez pas des femmes! s'écria-t-il, en levant son énorme poing au-dessus de la tête de la femme. Puis il se retourna et s'enfuit.

Si cet amoureux de sa fiancée avait été un simple particulier il l'aurait tué. Mais lui, le tsar adoré.

Dès le lendemain, il demanda un congé et offrit sa démission. Et même pour ne voir personne, il s'était dit malade.

Il passa l'été dans son village où il s'occupa d'ar-ranger ses affaires; et à la fin de la saison, négligeant Pétersbourg, il partit pour un couvent dans le des-sein de prendre la robe.

Sa mère lui écrivit en lui déconseillant cette décision. Mais il lui répondit que l'appel de Dieu est au-
dessus de toutes les combinaisons. Seule sa sœur, aussi
fière et aussi ambitieuse que lui, l'approuva. Elle
comprenait que s'il devenait moine c'était pour se
placer au-dessus de ceux qui se croyaient les plus
hauts. Et cette supposition était juste. Car en entrant
au couvent, il voulut montrer à ceux-là mêmes qu'il
méprisait tout ce qui leur semblait capital et ce à
quoi, lui aussi, jadis, avait attaché tant d'importance.
Il voulait se placer à une hauteur telle qu'il eût pu
regarder d'en haut ceux qu'il enviait autrefois. Mais
sa sœur Varinka ne connaissait pas cet autre sentiment qui était en lui, le sentiment religieux qu'elle
ignorait et qui, étroitement lié avec sa fierté et son
désir de priorité, l'avait animé. La désillusion que lui
avait fait éprouver Mary, qu'il avait considérée comme
un ange, était si grande qu'elle l'avait conduit au
désespoir. Et ce désespoir, à Dieu, à la foi enfantine qui était toujours restée en lui.

Il

Le supérieur du couvent où était entré Kassatski était un gentilhomme, savant écrivain, appartenant à cette succession de moines issus de Valachie qui se soumettaient sans murmures à un maître élu. Il était l'élève du célèbre vieillard Ambroise, élève de Makar, lui-même élève du vieillard Léonide, successeur de Païce Velitchkovski.

Kassatski se soumit à lui. Outre la conscience de sa supériorité sur les autres, le jeune moine, ainsi que dans tout ce qu'il avait fait auparavant, trouva au couvent la joie d'atteindre la perfection la plus élevée, aussi bien extérieure qu'intérieure. De même qu'au régiment où il avait été un officier sans reproche accomplissant non seulement sa besogne, mais cherchant encore à faire plus, de même, moine, il s'efforçait à devenir parfait, toujours travaillant, toujours tempérant, toujours humble, soumis et propre, non seulement en fait mais encore en pensée. Sa soumission lui allégeait surtout la vie. Si les exigences du couvent proche de la capitale et très fréquenté ne lui plaisaient pas à cause des tentations possibles, cela était anéanti par l'obéissance : « Ce n'est pas mon affaire de discuter, se disait-il, mon rôle est d'obéir soit en montant la garde devant les reliques, en chantant dans le chœur ou en ténant les comptes de l'hôtellerie du monastère. »

Toute la possibilité du doute était écartée par l'obéissance à son vieillard. Et si celle-ci n'avait pas existé, il aurait senti la monotonie des longs offices, la frivolité des visiteurs et la mauvaise qualité de ses frères. Mais tout cela était dans sa vie comme un réconfort.

— Je ne sais pourquoi il me faut écouter ces prières plusieurs fois par jour; mais je sais que c'est indispensable et j'y trouve la joie.

Le vénérable supérieur lui avait dit qu'autant la nourriture matérielle était nécessaire pour vivre, autant la nourriture spirituelle était nécessaire à la vie de l'esprit. Il le croyait et les offices pour lesquels il se levait péniblement avant l'aube lui procuraient indiscutablement du calme et de la joie avec la conscience de son humilité et de l'infaillibilité des paroles du vieillard.

L'intérêt de son existence consistait en partie dans la soumission toujours plus grande de sa volonté, dans l'humilité croissante, dans l'accès aux vertus chrétiennes.

Il ne regrettait pas le bien qu'il avait donné à sa sœur; il n'était pas paresseux et l'humilité devant ses inférieurs lui était non seulement légère, mais encore lui procurait une satisfaction morale. La victoire qu'il devait remporter sur ses péchés d'envie, d'avidité et de lubricité lui avait été facile. Le supérieur l'ayant particulièrement prémuni contre cette dernière faute, Kassatzki se réjouissait d'en être débarrassé.

Seul le souvenir de sa fiancée lui était pénible, car

souvent il se représentait, sous l'apparence de la vie, ce qui aurait pu être. Inconsciemment il voyait souvent en imagination la favorite de l'Empereur qui, ayant épousé un autre homme, était devenue une femme et une mère modèle, son mari possédant le pouvoir, les honneurs et une belle épouse repentie. Il y avait dans la vie de Kassatski d'heureux moments où ces pensées ne le tourmentaient pas. Il se réjouissait alors d'avoir pu triompher des tentations. Mais il y avait des heures où soudain tout ce qui l'aidait à vivre pâlissait et il cessait alors de croire au but qu'il s'était proposé. Il ne pouvait plus alors l'évoquer et le souvenir et le regret le possédaient entier. Le seul remède dans ce cas c'était l'obéissance passive. Il priait alors plus que d'habitude, mais il sentait que cette prière n'émanait pas de son âme, mais seulement de ses lèvres.

Cela durait un jour, parfois deux, pour disparaître ensuite sans laisser de trace. Mais durant ces accès, Kassatski sentait qu'il n'obéissait pas à sa propre volonté, ni même à celle de Dieu, mais à quelqu'un d'autre. C'est alors surtout qu'il avait recours au conseil que lui avait donné le vieillard : ne rien entreprendre et attendre.

C'est ainsi qu'il vécut pendant sept ans dans le premier couvent où il était entré. A la fin de la troisième année, il prit l'habit de moine et fut ordonné sous le nom de Serge. Cette prise d'habit fut pour lui un très grand événement. Déjà auparavant, en communiant, il éprouvait une sorte d'exaltation spirituelle. Maintenant, quand il lui fut donné de célébrer la messe lui-même, l'offertoire le mettait dans un état d'enthousiaste tendresse. Mais ce sentiment s'atténuait peu à peu et quand une fois il lui fut arrivé dans un mo-

ment de doute, de célébrer la messe, il sentit que cela
aussi allait passer. Et réellement, bientôt, il ne resta
que l'habitude.

C'est durant la septième année de sa vie au monastère que l'ennui s'empara de Serge. Ayant appris tout
ce qu'il avait à apprendre, et atteint tout ce qu'il devait
atteindre, il ne restait plus rien.

Mais en revanche, l'état de sommeil moral grandissait de jour en jour. C'est alors qu'il apprit la
mort de sa mère et le mariage de Mary, nouvelles qu'il
accueillit avec indifférence. Toute son attention, tout
son intérêt étaient concentrés sur sa vie intérieure.

Pendant la quatrième année de sa prêtrise, l'évê-
que fit montre d'une grande amabilité à son égard et
le supérieur lui dit qu'il ne pouvait refuser si on lui
proposait une haute situation. L'orgueil monacal, si
infâme chez certains moines (1), surgit alors en lui.
Il voulut refuser sa nomination dans un couvent proche de la capitale, mais le supérieur lui ordonna
d'accepter. Serge, ne voulant désobéir, fit ses adieux
au vieillard et rejoignit son nouveau poste.

Le passage du nouveau moine dans le couvent de la
capitale fut un des grands événements de sa vie. Les
tentations y étaient nombreuses et il déploya toutes
ses forces pour les combattre.

La tentation féminine releva la tête. Il y avait là
une femme connue par sa conduite douteuse qui commença par rechercher sa société. Elle lui parla et
l'invita à venir la voir. Le refus de Serge fut sévère,
mais lui-même eut peur de la précision de son désir.

----

(1) En Russie, les hauts postes de la hiérarchie religieuse sont ouverts uniquement au clergé régulier.

Sa terreur devant cette constatation fut si grande qu'aussitôt il écrivit à son ancien supérieur. Et, non content de cela, appela son jeune frère convers pour lui avouer sa faiblesse en lui demandant de le surveiller et de ne pas le laisser sortir en dehors des offices et des audiences. En plus, la grande tentation de Serge consistait en ceci que le supérieur de ce couvent, homme du monde adroit qui soignait sa carrière ecclésiastique, lui était particulièrement antipathique. Et malgré tous ses efforts, Serge ne pouvait vaincre cette antipathie. Il avait beau s'humilier, au fond de son âme, la condamnation de son supérieur persistait, grandissant de jour en jour.

Et ce mauvais sentiment éclata enfin.

C'était la deuxième année de son séjour dans le nouveau couvent. Le jour de l'Assomption, la messe fut célébrée dans la grande église en présence de nombreux fidèles. Le supérieur officiait en personne. Le père Serge se tenait à sa place habituelle et priait, c'est-à-dire se trouvait dans cet état de lutte qui lui était habituel au cours des offices qu'il ne célébrait pas lui-même. Tout l'irritait alors, visiteurs, hommes du monde et surtout les femmes. Il cherchait à ne rien voir, à ne pas remarquer comment le soldat conduisait les dames en écartant les gens du peuple et comment celles-ci se désignaient l'une à l'autre les moines et lui surtout à cause de sa beauté. Il s'efforçait de ne rien voir d'autre que les bougies allumées devant l'inocostase, les icones et les officiants, de ne rien écouter que les paroles des prières chantées ou articulées; de se garder d'éprouver un autre sentiment que l'oubli de soi-même dans la conscience du devoir accompli.

Il se tenait ainsi, tantôt se prosternant, tantôt se signant, quand il le fallait, et luttait avec lui-même, s'adonnant parfois à un jugement clair et sévère, et parfois ne voulant que tuer en lui pensées et sentiments. Soudain le père Nicodime, le sacristain, un autre objet de tentation pour Serge qui le soupçonnait de flatterie, s'approcha de lui et plié respectueusement en deux, l'avertit que le supérieur l'appelait à l'autel. Le père Serge rectifia les plis de sa robe, se coiffa de son capuce et traversa avec précaution la foule.

— *Lise, regarde à droite, c'est lui* (1), disait une voix féminine.

— *Où? où? Il n'est pas tellement beau.*

Il savait qu'on parlait de lui et, comme aux moments difficiles, il répétait les mots : ne nous laissez pas succomber à la tentation. La tête et les yeux baissés, il passa devant la chaire et, côtoyant les servants en dalmatique qui défilaient à ce moment devant l'iconostase, il entra par la porte du nord. Pénétrant dans l'autel, plié en deux, il se signa suivant le rite devant l'icone, puis il leva la tête et regarda le supérieur qu'il vit aux côtés d'un autre personnage tout étincelant de décorations et de galons. Le prêtre était debout près du mur et de ses petites mains potelées appuyées sur son gros ventre, caressait les broderies de sa chasuble. Il souriait tout en causant avec un militaire qui portait l'uniforme de général de la suite, avec des aiguillettes et les épaulettes ornées du chiffre que l'œil habitué du père Serge distingua aussitôt. Ce général

(1) En français dans le texte.

était l'ancien chef de son régiment. Maintenant il occupait certainement une très haute situation et le père Serge remarqua, au gros visage rouge du supérieur, que celui-ci le savait. Cela l'offensa et l'attrista. Ce sentiment grandit encore quand il entendit le supérieur affirmer qu'il l'avait fait venir pour satisfaire au désir qu'avait formulé le général de voir son ancien compagnon d'armes.

— Je suis très heureux de vous voir sous cet aspect angélique, dit le général en tendant la main; j'espère que vous n'avez pas oublié votre vieux camarade.

Le visage du supérieur, rouge et souriant, sous les cheveux blancs, qui semblait approuver les paroles du général; la figure de celui-ci avec son expression de satisfaction; l'odeur du vin qui sortait de sa bouche et celle du cigare qui stagnait...

— Je suis très heureux de vous voir sous cet habit, Serge. Il salua encore le supérieur et dit:

— Votre Révérence a daigné m'appeler.

Il s'arrêta et l'expression de sa figure et de ses yeux avait l'air de poser la question :

— Pour quoi?

Le supérieur répondit :

— Mais pour voir le général.

Le moine pâlit et ses lèvres tremblèrent.

— Votre Révérence, j'ai quitté le monde pour me sauver des tentations, dit-il. Pourquoi m'y soumettez-vous dans le temple du Seigneur et aux heures des prières?

— Allons, va-t-en, grogna le prêtre.

Le lendemain, le père Serge demanda pardon de son orgueil au supérieur et à toute la communauté. Mais, en même temps, après une nuit passée en prière, il décida qu'il ne pouvait plus rester en ce couvent et il écrivit à son ancien supérieur pour lui demander de retourner auprès de lui. Dans sa lettre, il disait se sentir incapable de lutter seul, sans l'aide de son père spirituel. Il se confessait aussi de son péché d'orgueil. Le courrier suivant lui apporta une réponse qui lui disait que son orgueil était la cause de tout. Son père spirituel lui expliquait que son accès de colère avait pour cause une insuffisante humilité; il s'était, disait-il, refusé d'accepter les honneurs ecclésiastiques, non par esprit de piété, mais par fierté humaine. Ce qui revenait à dire : regardez-moi, je suis ainsi et n'ai besoin de rien.

— C'est à cause de cela, écrivait le vieillard, que tu n'as pas pu supporter le procédé de ton supérieur. Tu te disais : j'ai tout abandonné pour la gloire de Dieu, on me montre comme une bête. Si tu avais vraiment renié la gloire pour Dieu, tu aurais tout supporté. Je vois que l'orgueil profane n'est pas encore mort en ton cœur. J'ai beaucoup songé à toi, mon fils Serge, j'ai prié et voilà ce que Dieu m'a révélé. A l'ermitage de Tambine vient de mourir l'ermite Hilarion. Il y avait vécu dix-huit ans et le supérieur de cet ermitage me demande si je ne connais pas quelqu'un qui voudrait l'habiter. Vas-y et demande au père Païs qu'il te donne la cellule d'Hilarion. Non que tu puisses remplacer celui qui vient de mourir, mais tu as besoin de solitude afin que tu puisses y combattre ton péché. Que Dieu te bénisse!

Serge fit selon les recommandations du vieillard. Ayant montré sa lettre à son supérieur, il lui demanda l'autorisation de partir. Après quoi, il fit don de ce qui lui appartenait au couvent et partit pour l'ermitage de Tambine.

Le supérieur de l'ermitage, un excellent administrateur, issu de la classe des marchands, le reçut simplement et lui donna la cellule d'Hillarion. C'était une grotte creusée dans le roc, elle servait aussi de sépulture au défunt Hilarion. Dans le fond se trouvait le tombeau tandis que sur le devant était un coin pour dormir, un lit avec une paillasse, une petite table et un rayon supportant des icones et des livres. Un autre rayon était fixé à l'extérieur de la porte et c'est là que, une fois par jour, un moine apportait la nourriture du couvent voisin.

Le père Serge devint ermite et reclus.

III

Depuis six années Serge habitait la cellule d'Hilarion. Un jour de carnaval dans la ville voisine, une société de gens riches et gais, hommes et femmes, venant de manger des blirsy (1) et bu du vin, décida une promenade en traîneau. Il y avait là deux avocats, un riche propriétaire terrien, un officier et quatre femmes. L'une d'elles était l'épouse de l'officier, la seconde du propriétaire, la troisième, jeune fille, sœur de ce dernier tandis que la quatrième était une divorcée très riche et très belle dont les excentricités étonnaient et parfois révoltaient la ville.

Le temps était splendide et la route plate comme un plancher. Au bout de dix verstes, on s'arrêta et tint conseil.

Fallait-il continuer ou retourner?

— Où mène ce chemin? demanda Mme Makov-kine, la divorcée.

— Il y a douze verstes d'ici à Tambine, répondit l'avocat qui lui faisait la cour.

— Et ensuite?

(1) Sorte de crêpes.

— Ensuite on va à L... en traversant le couvent.

— C'est là qu'habite le père Serge?

— Oui.

— Kassatski, le bel ermite?

— Oui.

— Mesdames, Messieurs, allons chez Kassatski. Nous nous restaurerons et reposerons à Tambine.

— Mais nous n'aurons pas le temps de revenir à la ville pour la nuit.

— Ça ne fait rien! Nous la passerons chez Kassatski.

— Il est vrai qu'il y a une hôtellerie au couvent et elle est excellente. J'y suis allé au moment où je défendais Makhine.

— Non, moi je veux coucher chez Kassatski.

— Ah! non, excusez! Cela ne sera pas possible malgré la toute-puissance de votre charme.

— Impossible. Parions!

— Ça va. Je parie n'importe quoi que vous ne couchez pas chez lui.

— *A discrétion.*

— Bien entendu, vous aussi.

— Naturellement. Allons-y.

On offrit du vin aux postillons. On sortit une caissette de gâteaux et des confitures. Et les dames s'emmitouflèrent de blanches pelisses de peau de chien.

Après une discussion entre les postillons, qui tous voulaient prendre la tête, un d'eux, tout jeune, fit claquer son fouet et partit dans un carillon de clochettes.

Les traîneaux étaient à peine secoués. Les chevaux de côté des troïkas couraient gaiement sur la route luisante. Par moment ils dépassaient le trot-

teur du milieu. Le postillon remuait joyeusement les
rênes. L'avocat et l'officier assis en face de la divorcée plaisantaient, tandis que Mme Makoskine,
enveloppée de sa fourrure, songeait.

— Toujours la même chose et toujours aussi stu-
pide. Les mêmes visages brillants sentant le vin et le
tabac, les mêmes paroles, les mêmes pensées roulant
autour de la même turpitude. Ils sont tous contents
et assurés qu'il faut vivre ainsi. Ils pourront même
mener cette vie jusqu'à la mort... Quant à moi, je
n'en puis plus... je m'ennuie... Il me faut quelque
chose qui retournerait ma vie... Comme cette histoire
de Zaratoff où ils sont partis et où tous furent gelés...
Que feraient-ils donc dans un tel cas ? Quelle aurait été leur conduite? Lâche bien entendu, chacun
pour soi. Il est certain que, moi aussi, j'aurais été
lâche. Mais aussi moi je suis belle et ils le savent.
Et ce moine? Est-ce possible que déjà il reste indifférent à tout cela? Non, ce n'est pas vrai. Comme à
l'automne avec ce jeune cadet ! Quel bel imbécile
c'était!

— Ivan Nicolaïevitch! appela-t-elle enfin.
— A vos ordres!
— Quel âge a-t-il?
— Qui?
— Kassatski.
— Quarante et plus, me semble-t-il.
— Reçoit-il tout le monde?
— Tout le monde, mais pas toujours.
— Couvrez-moi les pieds. Pas comme cela. Ah!
que vous êtes maladroit ! Encore. Ce n'est pas la
peine de me frôler.

Ils arrivèrent ainsi à la forêt où se trouve la grotte.

Elle descendit du traîneau et, malgré les objurgations de ses compagnons, fâchée, elle leur ordonna de la laisser.

Seule avec sa fourrure de chien blanc, elle trottait le long du chemin dans la neige. L'avocat, qui lui aussi était descendu, la regardait.

Le père Serge avait quarante-neuf ans. Sa vie était pénible, non à cause du jeûne et de la prière, mais à cause des luttes intérieures sur lesquelles il n'avait pas compté. Il lui fallait combattre le doute et le désir, et les deux ennemis se dressaient en même temps. Bien qu'il les considérât comme étant deux, ils ne faisaient qu'un en réalité. La preuve en était que le doute étant abattu, le désir disparaissait de lui-même. Mais il pensait que c'étaient deux diables différents et il les provoquait en combats isolés.

— Mon Dieu, mon Dieu, songeait-il, pourquoi ne me donnes-tu pas la foi? Le désir? Antoine et d'autres saints n'ont-ils pas lutté avec lui? Mais la foi... Ils la possédaient, tandis que chez moi, des minutes, des heures, des jours entiers, elle m'abandonne! Pourquoi le monde et sa séduction, si ce n'est que péché et qu'il faille renier? Pourquoi as-tu créé ces tentations? Car n'est-ce pas une tentation si, désirant quitter les joies de ce monde, je me bâtis quelque chose là-bas où peut-être il n'y a rien.

Il se dit cela et soudain un immense dégoût de lui-même s'empara de son être.

— Vermine! Vermine! et tu veux devenir saint!

Il se mit en prière. Mais à peine avait-il commencé qu'il se vit tel qu'il avait été autrefois au couvent avec sa robe, sa capuce et son grand air.

— Non, ce n'est pas cela. C'est une hypocrisie, et

si je puis tromper les hommes, je n'arriverai jamais
ni à tromper Dieu, ni à me tromper moi-même. Je
ne suis pas un homme majestueux, mais je suis pitoyable et ridicule.

Et, relevant les plis de son froc de moine, il contempla en souriant ses maigres et pitoyables jambes.

Et il se remit à prier, à se signer et à se prosterner.

— Ce lit deviendra-t-il mon cercueil ? disait-il, cependant que quelques voix diaboliques lui chuchotaient à l'oreille : « Le lit solitaire est un cercueil.
Mensonge ! »

Et son imagination lui montra les épaules de la
veuve qui avait été sa maîtresse. Il se secoua et continua sa lecture.

Ayant terminé avec les « Règlements », il prit
l'Evangile, l'ouvrit et ses yeux tombèrent sur un passage qu'il connaissait presque par cœur et qu'il répétait souvent.

— Je crois, mon Dieu, aidez, secourez mon manque
de foi !

Il rejeta les doutes qui lui venaient. Comme on
place un objet vacillant pour lui donner un équilibre
stable, de même il redressa sa foi et, s'écartant doucement, comme pour ne point l'ébranler, il recula.
Un peu de calme revint ; et il se mit à répéter sa
prière d'enfant : « Mon Dieu, prenez-moi, prenez-
moi ! » Et se sentant non seulement léger, mais heureux et attendri, il se signa et s'étendit sur le banc
étroit, son froc d'été plié sous sa tête...

Dans son sommeil léger, il lui sembla entendre des
clochettes. Il ne savait pas si c'était en un rêve ou
dans la réalité. Soudain, on heurta la porte et il
s'éveilla tout à fait. Il n'en crut pas ses oreilles, mais

le bruit se répéta tout proche, et, derrière la porte,
il entendit une voix de femme.

— Mon Dieu, est-ce donc vrai ce que j'ai lu dans
la Vie des Saints ? Le Diable peut-il s'incarner en
une femme ? Car, en vérité, c'est bien une voix féminine, douce, timide et tendre.

« Pfut ! cracha-t-il.

« Non, c'est une illusion », se dit-il, s'approchant
du coin où, devant les icones, brillait une petite
lampe. Il s'agenouilla d'un geste familier ; ce mouvement seul lui procurait toujours plaisir et consolation.
Courbé en deux, ses cheveux retombant sur son visage, il heurta de son front le plancher humide et
froid, à travers les fentes duquel un peu d'air passait.

...Il continua le psaume qui, selon le père Pimen,
écartait les maléfices. Il dressa son corps léger et
amaigri sur ses jambes nerveuses et voulut continuer
sa lecture, cependant que, malgré lui, il prêtait
l'oreille. Il voulut entendre. Mais tout était silencieux.
Seules, les gouttes tombaient du toit dans le petit
récipient placé à l'angle de la maison. Dehors, c'était
le brouillard qui rongeait la neige et c'était un calme,
un calme !

Et soudain, près de la fenêtre, une voix distincte,
douce, timide, une voix qui ne pouvait appartenir qu'à
une femme charmante, murmura :

— Laissez-moi entrer, au nom du Christ.

Il sembla au père Serge que tout son sang affluait
à son cœur et s'y arrêtait. Il ne put respirer. « Que
le Seigneur ressuscite et que ses ennemis soient dis-
persés. »

— Mais je ne suis pas le diable. Et on entendit
que la bouche qui disait cela souriait. Je ne suis pas

le diable, je suis simplement une pécheresse perdue, non au figuré, mais très réellement.

Elle se mit à rire.

— Je suis gelée et je vous demande abri.

Il s'approcha de la vitre, où se reflétait la petite lampe et les mains encadrant sa figure, il regarda. Le brouillard, les ténèbres et, là-bas, à droite, elle. Oui, elle. Une femme vêtue d'une pelisse à longs poils se penchait vers lui, son visage tout apeuré semblait bon et beau parmi les cheveux blonds que coiffait un bonnet de fourrure. Leurs yeux se rencontrèrent et se reconnurent. Non qu'ils se fussent déjà rencontrés ; mais dans le regard qu'ils échangèrent, ils comprirent qu'ils se connaissaient et se comprenaient mutuellement. Après ce regard, était-il encore possible de penser qu'on n'avait pas devant soi une femme blonde, douce et timide, tout le contraire d'un diable ?

— Qui êtes-vous ? Que me voulez-vous ? demanda-t-il.

— Mais ouvrez donc ! cria-t-elle d'un ton capricieux et autoritaire. Je suis gelée, vous dis-je, et je suis égarée.

— Mais je suis moine, ermite.

— Cela ne vous empêche pas d'ouvrir la porte ! Voulez-vous donc que je gèle devant votre fenêtre pendant que vous allez prier ?

— Mais....

— Je ne veux pas vous manger, j'espère. Laissez-moi entrer, au nom de Dieu ! Je suis gelée, vous dis-je.

Elle commençait à avoir peur et sa dernière phrase fut dite d'une voix pleine de sanglots. Serge quitta la fenêtre et regarda l'icone sur laquelle était le Christ couronné d'épines.

— Seigneur, aidez-moi, Seigneur, aidez-moi, dit-il en se pliant en deux.

Puis il approcha de la porte, pénétra dans l'entrée et souleva le loquet.

Des pas firent craquer la neige. C'est elle qui approchait.

— Oh ! cria-t-elle soudain.

Il avait compris que son pied avait glissé dans une flaque qui stagnait devant le seuil. Les mains de l'ermite tremblaient au point de ne pouvoir soulever le loquet.

— Mais qu'avez-vous donc ? Laissez-moi entrer ! Pendant que je me gèle, vous songez au salut de votre âme.

Il poussa la porte et, n'ayant pas bien calculé son mouvement, bouscula quelque peu l'étrangère.

— Pardon, dit-il soudain, se rappelant inconsciemment ses anciennes habitudes mondaines.

Elle sourit en entendant ce « pardon ! ».

« Il n'est pas si terrible », songea-t-elle.

— Il n'y a pas de mal, c'est à vous de me pardonner, dit-elle en passant auprès de lui. Je n'aurais jamais osé sans ce cas de force majeure.

— Entrez, s'il vous plaît, dit-il.

Et l'odeur oubliée des parfums lui caressait les narines. Il ferma la porte extérieure sans remettre le verrou et pénétra dans l'entrée, puis dans la chambre.

— Seigneur Jésus-Christ, fils de Dieu, ayez pitié du pauvre pécheur. Seigneur, ayez pitié du pauvre pécheur que je suis, répétait-il sans arrêt, non seule-

ment en lui-même, mais aussi des lèvres qui tremblaient convulsivement.

— Veuillez..., murmura-t-il.

Debout au milieu de la chambre, elle le contemplait
de ses yeux rieurs.

— Pardonnez-moi d'avoir troublé votre solitude,
mais voyez dans quelle situation je me trouve. Vous
comprenez, nous avions quitté la ville pour faire une
promenade en traîneau, et j'ai fait le pari de retourner à pied de Vorobiebvka jusqu'à la ville. C'est ainsi
qu'ayant perdu mon chemin, je suis arrivée jusqu'à
votre grotte.

Elle avait commencé à mentir, mais la figure de
l'ermite la troublait tant qu'elle ne put continuer et
se tut. Elle ne s'attendait pas à le voir ainsi. Il n'était
pas d'une beauté telle qu'elle se l'était imaginée, mais
il lui semblait cependant bien beau. Ses cheveux et sa
barbe parsemés de fils d'argent, un nez mince et régulier et ses yeux de braise ardente la frappaient.

Il voyait qu'elle mentait. Il la regarda et aussitôt
baissa les yeux.

— Oui, oui, dit-il. Je passerai par là pendant que
vous allez vous installer.

Décrochant la petite lampe, il alluma une bougie
et, saluant très profondément la femme étonnée, il
entra dans un petit réduit et elle l'entendit remuer
quelque chose derrière la cloison.

— Il a peur de moi et doit s'enfermer, songea-
t-elle en souriant.

Sa pelisse blanche enlevée, elle défit le fichu qui
tenait son bonnet. Elle n'était pas du tout trempée,
comme elle le disait. Ce n'avait été qu'un prétexte
pour pouvoir entrer, mais à la porte elle avait mar-

ché dans la flaque, et son pied gauche était mouillé jusqu'au mollet et sa bottine pleine d'eau. Elle s'assit donc sur la planche recouverte d'un misérable tapis qui servait de couchette à l'ermite et se mit à se déchausser tout en contemplant la cellule, qui lui parut admirable.

Etroite, trois mètres de large et quatre de long environ, elle était propre comme un verre. Comme meuble, il n'y avait que cette sorte de lit sur lequel elle était assise et au-dessus un rayon supportant des livres. Un prie-Dieu surmonté d'une image du Christ éclairée par la petite lampe occupait un coin, tandis que, près de la porte, une pelisse et un froc étaient suspendus à des clous. Une odeur étrange planait, un mélange d'huile, de sueur et de terre. Tout lui plaisait, même cette odeur.

Ses pieds mouillés inquiétaient la jeune femme, particulièrement le gauche. Elle continua à délacer ses chaussures tout en se réjouissant d'avoir atteint son but et d'avoir pu troubler cet homme étrange et beau.

— Père Serge, père Serge ! c'est ainsi qu'on vous appelle, je crois ? cria-t-elle.

— Que désirez-vous ? demanda une voix calme.

— Excusez-moi, je vous en prie, d'avoir troublé votre solitude. Mais je vous assure que je ne pouvais faire autrement et maintenant encore je suis toute trempée et mes pieds sont comme de la glace.

— Excusez-moi, dit la voix, mais je n'y suis pour rien.

— Pour rien au monde, je ne vous dérangerai. Je resterai seulement jusqu'à l'aube.

Et elle entendit un chuchotement.

Toujours pas de réponse et, seule derrière la cloison, le chuchottement continuait.

« Oui, c'est un homme », songea la jeune femme, cherchant à retirer sa bottine pleine d'eau.

N'arrivant a aucun résultat, l'aventure lui parut drôle. Elle riait tout doucement, mais sachant qu'il pourrait entendre et que son rire pouvait agir sur lui dans le sens désiré, elle l'exagéra. Et les éclats gais, naturels et bons retentirent dans la petite pièce, agissant exactement comme elle l'avait prévu.

— Oui, on peut aimer un homme pareil. Ses yeux et ce visage si simple et si noble et, malgré toutes les prières, si passionné. On ne nous trompe pas, nous autres femmes. Je l'ai déjà compris quand il s'approcha de la vitre. Il m'avait vue, comprise et connue. Quelque chose brilla dans ses yeux, il m'aima alors et me désira.

Etant enfin parvenue à retirer sa bottine, elle voulut faire de même de son bas. Mais, pour cela, il aurait fallu soulever les jupes. Elle eut honte.

— N'entrez pas! cria-t-elle.

Aucune réponse ne vint interrompre le chuchottement égal.

« Il prie, pensa-t-elle ; mais, en même temps, il pense à moi comme je pense à lui. Il pense à mes pieds.

Elle retira ses bas mouillés et ses pieds nus vinrent se blottir sur la couche. Elle resta ainsi quelque temps, les mains sur les genoux et, toute songeuse, regardant devant elle. « C'est un désert, un silence... Et personne ne saurait jamais... »

Elle se leva, et ses bas suspendus près du poêle,

elle retourna sur la couchette, posant avec précaution ses pieds nus sur le sol.

Derrière la cloison tout était silence. La montre minuscule qui pendait à son cou marquait deux heures. Il ne restait plus qu'une heure, car ses compagnons avaient promis de venir la chercher vers les trois heures.

— Je vais donc rester ici toute seule. C'est inconcevable. Je ne veux pas. Je vais l'appeler.

Elle se mit à crier :

— Père Serge, père Serge ! Serge Dimitrievitch! Prince Kassatski!

Rien ne remua derrière la cloison.

— Ecoutez-moi, c'est cruel ce que vous faites-là. Je ne vous aurais pas appelé si je n'avais pas besoin de vous. Je suis malade et ne sais ce que j'ai, disait-elle d'une voix plaintive. Oh, oh! gémit-elle, tombant de tout son long sur la couchette.

Chose étrange, elle se sentait réellement défaillir. Elle souffrait de partout, un tremblement fiévreux l'agitait.

— Ecoutez ! Secourez-moi ! Je ne sais pas ce que j'ai! Oh! oh!

D'un geste rapide, elle dégrafa sa robe, découvrit sa poitrine et jeta en arrière ses bras nus.

Pendant ce temps, l'ermite se tenait en prière. Toutes ses oraisons épuisées, il regardait fixement devant lui et, cherchant à inventer une prière, il répétait mentalement : « Seigneur Jésus, fils de Dieu, ayez pitié de moi! »

Mais il avait tout entendu : le bruissement de la robe de soie qui tombait ; les pas légers des pieds nus sur le plancher ; le frottement de la main sur la jambe. Se sentant faible et prêt à défaillir à chaque moment, il ne cessait de prier. C'était quelque chose comme cette histoire du héros de légende qui devait avancer sans se retourner. Lui aussi entendait, sentait que le danger, la perte était ici au-dessus de lui, tout autour de lui, et qu'il ne pourrait se sauver qu'à condition de ne pas accorder un regard. Mais le désir l'ayant soudain envahi, il entendit la femme qui disait :

— Ecoutez, c'est inhumain ce que vous faites. Je puis mourir.

— Oui, j'irai, se dit-il, mais j'irai comme ce père de l'Eglise qui, une main sur la tête de la pécheresse, gardait l'autre au-dessus du feu.

Et aussitôt il se souvint qu'il n'avait pas de foyer ardent et qu'il n'y avait que la petite lampe.

Le doigt placé sur la flamme, il s'apprêtait à souffrir. La souffrance, pourtant, semblait nulle quand, soudain, il fronça les sourcils et, retirant sa main, la secoua.

— Non, je puis le faire.

— Au nom du Seigneur, venez m'aider, je meurs. Oh !

— Alors, c'est à moi d'être perdu. Oh ! non !

Il ouvrit la porte et, sans la regarder, passa dans l'entrée.

— Je viens tout de suite, dit-il.

Dans les ténèbres, il tâtonna, trouva le billot sur lequel il coupait le bois, prit la hache appuyée au mur.

— De suite, dit-il.

La hache dans sa main droite, Serge plaça son index gauche sur le billot et, d'un coup asséné sur la seconde phalange, la trancha. Le doigt partit plus facilement que ne partaient les branches de la même épaisseur. Il sauta, tomba d'abord sur le bord du billot, puis ensuite par terre.

Le bruit parvint à ses oreilles avant même qu'il eût perçu la douleur. Il eut même le temps de s'étonner de son absence avant que de la ressentir et de voir un jet de sang inonder le billot. Vivement, de sa robe, il envelopa le membre mutilé et, entrant dans la chambre, s'arrêta devant la femme.

— Que désirez-vous ? demanda-t-il, les yeux baissés.

Elle jeta un regard sur son visage pâli dont la joue gauche tremblait, et elle eut honte. Maintenant debout, saisissant sa pelisse, elle s'emmitoufla.

— J'avais mal... Un refroidissement... Je... Je.., Père Serge...

Les yeux de l'ermite, tout brillants d'une lueur joyeuse, se fixaient sur elle.

— Chère sœur, pourquoi as-tu voulu perdre mon âme immortelle ? Les tentations doivent entrer dans le monde ; mais malheur à qui les provoque. Prie Dieu pour qu'il nous pardonne.

Tout yeux et tout oreilles, elle entendit soudain des gouttes tomber sur le plancher. Un regard rapide lui montra le sang qui coulait au long de la robe de l'ermite.

— Qu'avez-vous fait à votre main ?

Elle se souvint du bruit qu'elle avait entendu et, saisissant la veilleuse, elle courut vers l'entrée. Le doigt sanglant gisait à terre. Plus pâle que l'ermite, elle revint pour lui parler, mais déjà il était entré dans le réduit, fermant la porte derrière lui.

— Que dois-je faire pour racheter mon péché ?
demanda-t-elle.

— Va-t-en !

— Laissez-moi soigner votre main, demanda-t-elle.

— Va-t-en !

Hâtivement et silencieusement elle revêtit sa pelisse
et attendit. Des clochettes résonnèrent dehors.

— Pardonnez-moi, père Serge.

— Va-t-en, Dieu te pardonnera.

— Père Serge, je changerai ma façon de vivre, ne
m'abandonnez pas.

— Va-t-en !

— Pardonnez-moi et bénissez-moi.

Derrière la cloison, la voix de l'ermite retentit encore une fois.

— Au nom du Père, du Fils et du Saint-Esprit, va-
t-en !

Sanglotant, elle sortit de la grotte. L'avocat arrivait à sa rencontre.

— J'ai perdu ! Il n'y a rien à faire ! Où allez-
vous vous mettre ?

Elle s'assit dans le traîneau et ne dit mot de toute
la route.

. . . .

Un an après, la jeune femme prit le voile dans un
monastère et vécut d'une vie sévère sous la direction
de l'ermite Arsène qui, de temps en temps, lui écrivait.

Le père Serge continua à vivre dans son ermitage.
Et sa vie devenait de plus en plus sévère.

D'abord, il avait accepté tout ce qu'on lui apportait : du thé, du sucre, du pain blanc, du lait, des vêtements et du bois de chauffage.

Mais, plus le temps avançait, plus les règles qu'il établissait pour lui-même devenaient rigoureuses. Il arriva ainsi à n'accepter du pain noir qu'une fois par semaine, distribuant aux pauvres tout le surplus. Toute son existence se passait maintenant en prières dans sa cellule ou en entretiens pieux avec les visiteurs dont le nombre s'accroissait chaque jour.

Après l'incident avec la Makovskine, sa conversion et son entrée au couvent, la gloire du père Serge s'était étendue au loin.

Cette gloire, comme toujours, exagérait ses exploits. Aussi venait-on de tous côtés pour lui amener des malades, en affirmant qu'il pouvait les guérir.

Sa première guérison miraculeuse advint dans la huitième année de sa réclusion. Ce fut un garçon de quatorze ans amené par sa mère. Il imposa les mains sur la tête de l'enfant. Il n'avait jamais supposé qu'il pouvait guérir les malades. C'eût été pour lui un péché d'orgueil. Mais la mère ne cessait de le supplier, se traînant à ses pieds, au nom du Christ, invoquant d'autres guérisons. Aux paroles du père Serge répondant que seul Dieu pouvait guérir, elle ne répétait qu'une chose : que ses mains fussent imposées sur la tête de l'enfant.

L'ermite refusa cependant et se retira dans sa cellule. Mais le lendemain, sortant pour chercher de l'eau, il retrouva la même femme et son enfant, garçonnet pâle et maladif. La parabole du juge injuste lui vint à l'esprit. Il n'avait pas eu de doute pour le refus, mais maintenant ce doute le torturait : il se mit

donc en prière jusqu'à ce qu'une décision s'imposât
à son âme. Cette révélation disait que le désir de la
femme devait être exaucé ; quant à lui, il n'était qu'un
humble outil dans la main de Dieu. Et aussitôt le père
Serge sortit pour accomplir le désir de la femme.

Un mois après, il reçut des nouvelles du petit garçon. Il était guéri et la gloire de l'ermite s'étendit
dans tout le gouvernement. Depuis ce jour, il n'était
pas une semaine sans visite. Les malades arrivaient
très nombreux et ayant accordé aux uns, il ne pouvait
refuser aux autres. Il priait, imposait sa main, et nombreuses furent les guérisons.

C'est ainsi qu'après sept ans de séjour au couvent
passèrent treize nouvelles années de réclusion. Le père
Serge semblait un vieillard. La barbe était grise et
longue, mais ses cheveux, bien que rares, étaient encore noirs et crépus.

IV

Depuis plusieurs semaines, l'ermite vivait avec une pensée qui ne le quittait plus. Etait-ce juste d'accepter cette situation dans laquelle il s'était trouvé, non par sa propre initiative, mais par celle du supérieur et de l'archimandrite. Ces doutes étaient venus dès la première guérison, celle de l'enfant. Et depuis, de jour en jour, il savait que sa vie extérieure se développait au détriment de sa vie intérieure. On eût dit qu'on le retournait.

Serge voyait qu'il était devenu un moyen pour attirer au couvent visiteurs et donateurs. Il constatait que les autorités monacales le plaçaient dans des conditions telles qu'elles favorisaient un rendement utilitaire. Par exemple, on ne lui donnait plus les moyens de travailler, en lui demandant, par contre, de ne pas épargner ses bénédictions aux visiteurs qui venaient le trouver.

On fixa donc les jours de réception et on construisit une salle à cette seule fin. Les femmes qui se précipitaient à ses pieds étaient contenues par une barrière afin qu'elles ne s'approchassent point trop près de lui.

On lui disait aussi qu'il était indispensable aux hommes et qu'en servant la loi du Christ, la loi de l'amour, il ne pouvait se refuser à leur désir de le voir, car cet éloignement serait une cruauté.

Tout en reconnaissant le bien-fondé de ses observations, il sentait cependant que la source d'eau vive qui était en lui se tarissait de plus en plus et que tous ses actes étaient plutôt pour les hommes que pour Dieu. Enseignait-il les visiteurs, les bénissait-il simplement, priait-il pour les malades, donnait-il des conseils sur leur façon de vivre, recevait-il des remerciements de ceux qu'il avait guéris ou simplement mis sur le bon chemin, toujours et chaque fois il lui était impossible de ne pas se réjouir, de ne pas s'inquiéter des résultats de son activité, de son influence sur les hommes. Il avait pensé jadis être une lumière vive, mais plus il vivait, plus il sentait l'atténuation de la divine lumière de la vérité qui était en lui.

« Dans ce que je fais, quelle est la part de Dieu et celle des hommes ? » Telle était la question qui le torturait et à laquelle il ne pouvait ou plutôt ne voulait pas se décider à répondre. Il sentait aussi que le Malin avait remplacé son activité divine par une activité humaine. Tout en s'avouant la peine et la fatigue dont l'accablaient ses visiteurs, au fond du cœur il s'en réjouissait cependant, heureux qu'il était des louanges qu'on lui prodiguait.

Il fut même un temps où il avait décidé de partir, de se cacher. Il avait tout préparé pour ce faire. Ayant dit au supérieur qu'il avait besoin de quelques vêtements pour distribuer aux pauvres, il dissimula ces vêtements dans sa cellule. Puis il se mit à préparer son plan : il allait s'habiller, couper ses cheveux

et partir. Il prendrait d'abord le train, qui le conduirait à trois cents verstes de là. Puis il descendrait et
irait visiter les villages.

Autrefois, il avait recueilli des renseignements auprès d'un vieux soldat vagabond. Celui-ci lui avait
dit où il fallait aller pour être bien reçu. Le père
Serge voulut suivre ces indications. Et une nuit même,
il revêtit la vieille défroque paysanne et déjà se disposait à partir, quand l'indécision le saisit soudain,
et il resta. Depuis ce temps, les vêtements de mou-
jick lui rappelaient ses pensées et ses sentiments
passés.

Le nombre des visiteurs devenait plus important de
jour en jour. En revanche, le temps dont il disposait
pour la prière et la méditation diminuait. Parfois, il
songeait qu'il était semblable à un coin de terre où,
jadis, aurait jailli une source.

« Il y avait une faible source d'eau vive qui coulait en moi. C'était une vie véritable, quand, pour me
tenter, elle vint. (Il voulait dire la mère Agnès dont le
souvenir, le souvenir de cette nuit de paroxysme, le
plongeait en extase.) Elle but de cette eau claire, mais
depuis ce temps-là les assoiffés arrivent, se bouscu-
lent et se repoussent les uns les autres. Et c'est ainsi
qu'ils la tarissent et la transforment en boue. »

Il songeait ainsi dans ses meilleurs instants, mais
son état habituel était la fatigue et l'apitoiement devant sa propre fatigue.

On était au printemps, la veille des Rogations. Le
père Serge servait un salut dans la petite chapelle
qu'on avait érigée dans sa grotte. Les fidèles, au nombre d'une vingtaine, l'emplissaient jusqu'à l'entrée. Ce
n'étaient que seigneurs et marchands. Car bien que

le père Serge recût tout le monde, le moine du couvent faisait un choix. Une foule de moujiks, de pèlerins et de femmes se pressaient dehors en attendant
l'apparition de l'ermite dont ils espéraient la bénédiction. Le saint homme officiait et, quand il sortit,
se dirigeant vers le tombeau de son prédécesseur, le
bienheureux Hilarion, pour le saluer, il vacilla et
serait tombé si le moine et un marchand qui lui
avaient servi de diacres ne l'eussent soutenu.

— Qu'avez-vous, petit père ? Qu'avez-vous, Père
Serge ? Mon Dieu ! vous êtes devenu blanc comme
un linge !

L'ermite, bien que remis de son malaise, mais encore très pâle, repoussa doucement les deux hommes
qui le soutenaient et se remit à chanter. Le père Séraphin, le diacre, les chantres et Mme Sophie Ivanovna
qui, habitant dans le voisinage, s'était dévouée au service du père Serge, lui demandèrent d'interrompre
l'office.

— Ce n'est rien, ce n'est rien, dit-il, souriant à
peine dans sa barbe.

« C'est ainsi que font les saints », se dit-il en lui-
même.

— Ange divin, saint homme ! entendit-il derrière
lui. C'était la voix de Sophie Ivanovna et celle du
marchand qui l'avait soutenu.

Mais, n'écoutant pas les objurgations, il continua
l'office et tous, en se pressant, passèrent par les étroits
corridors pour arriver à la petite chapelle.

Le service terminé, le père Serge bénit les assis-
tants et vint s'asseoir sur un banc au pied de l'orme
qui se trouvait à l'entrée de la grotte. Il sentait qu'il
avait besoin de se reposer, de respirer l'air pur. Mais,

dès sa sortie, la foule des pèlerins se précipita vers lui, quémandant les bénédictions, les conseils et l'aide morale. Il y avait là de ces femmes qui hantent sans cesse les lieux de pèlerinage et qui s'attendrissent devant chaque sanctuaire. L'ermite connaissait ce type froid, conventionnel, sans vraie religion. Il y avait aussi des pèlerins, la plupart anciens soldats, ayant perdu l'habitude de la vie sédentaire, des vieillards misérables et ivrognes qui errent d'un couvent à l'autre pour y trouver quelque nourriture. Il y avait encore des paysans et des paysannes ne voulant égoïstement que la guérison ou la solution des problèmes des plus terre à terre : le mariage d'une fille, la location d'une boutique, l'achat d'une terre ou la rémission du péché d'adultère. Il connaissait cela depuis longtemps et ne s'y intéressait que peu ; il savait qu'il n'apprendrait rien de nouveau, que tous ces visages ne provoqueraient chez lui aucun sentiment de piété, mais il aimait à voir cette foule, car il savait qu'il leur était indispensable par ses bénédictions et ses paroles. C'était une charge, mais cependant agréable. Le père Séraphin ayant voulu les chasser en disant que le père Serge était fatigué, il se souvint des paroles de l'Evangile : « Laissez venir à moi les petits enfants », s'attendrit à ce souvenir et demanda qu'on les laissât approcher.

Il se leva, alla vers la barrière derrière laquelle ils se pressaient, les bénit et, de sa voix dont la faiblesse l'émouvait lui-même, répondit à leurs questions. Mais, malgré sa meilleure volonté, il ne put leur répondre à tous. Il eut un éblouissement, vacilla et se retint à la barrière. Le sang affluait à la tête, il pâlit, puis à nouveau devint rouge.

— A demain, donc ! Je n'en puis plus aujourd'hui, dit-il, se dirigeant vers la banquette, soutenu par le marchand qui avait pris son bras.

— Père, cria-t-on dans la foule, petit père, ne nous abandonne pas. Nous serions perdus sans toi !

Le marchand, qui venait de faire asseoir le père Serge sous l'orme, prit sur lui de faire la police et s'employa activement à chasser les importuns. Il est vrai qu'il parlait à voix basse et que le père Serge ne pouvait l'entendre, mais ses paroles étaient fermes et même coléreuses.

— Fichez-moi le camp ! Il vous a bénis, que voulez-vous encore ? Partez ou je vous casse la figure. Allons, allons. Toi là-bas, la tante, avec ton mouchoir sale, allons, va-t-en ! Où veux-tu aller ? On t'a dit que c'était fini. Demain, à la volonté de Dieu, mais aujourd'hui, il faut partir.

La vieille femme insistait.

— Oh! petit père, laissez-moi seulement contempler d'un œil son saint visage.

— Je vais te contempler, moi, attends un peu !

Ayant remarqué que le marchand agissait sévèrement, le père Serge dit à son frère-lai qu'on ne devait pas chasser le peuple. Il savait bien que, malgré tout, ils seraient chassés, mais il intervenait pour faire une bonne impression.

— Bien, bien répondit le marchand. Je ne les chasse pas, je leur explique. Sans pitié, ils sont capables d'achever un homme qui ne pense qu'à eux. Allons ! allez-vous-en ! Demain !

Et il chassa tout le monde.

Le marchand faisait du zèle, car il aimait l'ordre et se plaisait à avoir de l'autorité sur le menu peuple,

à le bousculer, et surtout parce que le père Serge lui
était nécessaire. Il était veuf et il avait conduit ici,
à quatorze cents verstes, sa fille unique toujours malade et qui ne pouvait se marier, afin qu'elle fût guérie par l'ermite. Depuis deux ans, on l'avait soignée
vainement en différents endroits. D'abord dans une
clinique d'une ville universitaire, puis chez un mou-
jik rebouteux, dans le gouvernement de Samara.

Le marchand tomba de nouveau à genoux et joignit les mains. Le père Serge songea combien difficile était son rôle et avec quelle humilité il le suppor-
tait. Puis, après un court silence, il soupira lourde-
ment :

— Bien, amenez-la ce soir. Je prierai pour elle,
car maintenant je suis fatigué.

Le marchand sortit sur la pointe des pieds, ses
chaussures craquant encore davantage, et l'ermite
resta seul.

Sa vie entière était comblée de services et de vi-
sites. Mais cette journée avait été particulièrement
pénible. Un haut fonctionnaire était venu dans la ma-
tinée pour causer longuement avec lui. Après cela vint
une femme, en compagnie de son fils, un jeune professeur, qu'elle avait conduit au père Serge pour la
conversion possible. La conversation avait été désagréable. Il était évident que le jeune homme, ne voulant pas discuter avec le moine, faisait semblant d'être
du même avis. Mais le Père Serge voyait que, malgré son athéisme, son visiteur était parfaitement heureux. Il était tranquille et calme. Aussi se souvenait-
il de cet entretien avec un mécontentement visible.

— Voulez-vous manger, petit père ? demanda le
frère-lai.

Le frère se retira dans la petite cellule voisine et le Père Serge resta seul.

Le temps était passé depuis longtemps où le Père Serge, vivant seul, se nourrissait uniquement d'un peu de pain. On lui avait démontré qu'il n'avait pas le droit de compromettre sa santé et on le nourrissait maintenant d'aliments maigres, mais sains. Il n'en mangeait pas beaucoup, mais en comparaison plus qu'avant, souvent avec un plaisir particulier, et non comme avant, avec répulsion et avec cette conscience du péché possible qui l'avait hanté. Il en fut de même ce jour-là ; il mangea du gruau d'avoine, un demi-pain blanc et but une tasse de thé.

Puis, le frère parti, l'ermite resta seul sous l'orme. C'était une belle soirée de mai. Les jeunes feuilles couvraient à peine les trembles, les bouleaux, les ormes et les chênes. Les taillis de sureaux étaient en fleurs et le rossignol, dans le bois, alternait avec deux ou trois autres qui se tenaient sans doute dans les buissons du bord de la rivière. Un chant lointain, celui des ouvriers qui revenaient des champs, arrivait jusqu'à lui.

Le soleil venait de se coucher derrière la forêt et lançait ses rayons brisés à travers la verdure. Tout ce côté était d'un vert tendre, tandis que l'autre, où était l'orme, s'assombrissait. Les hannetons voletaient, se heurtaient et tombaient.

Le Père Serge faisait sa prière mentale : « Seigneur Jésus, fils de Dieu, aie pitié de nous. » Puis il se prit à réciter un psaume au milieu duquel il s'arrêta, car un moineau hardi arrivait soudainement près de lui et, piaillant, sautilla devant lui. Effrayé par on ne sait quoi, il s'envola et l'ermite reprit sa prière dans laquelle il parlait de renoncement. Il se pressait de la terminer pour faire venir le marchand et sa fille malade, à laquelle il commençait à porter intérêt. C'était une distraction, des figures nouvelles, ce père et sa fille qui le considéraient comme un saint dont la prière est toujours exaucée. Bien qu'il s'en récusât au fond de lui-même, il se considérait comme tel.

Il lui arrivait parfois de s'étonner que lui, Stéphane Kassatski fût devenu un saint capable de miracles, car il ne doutait pas de son pouvoir. Il ne pouvait ne pas croire aux miracles, car il les avait vus lui-même, depuis celui du petit garçon rachitique, jusqu'à la vieille à laquelle ses prières avaient rendu la vue. Si étrange que cela parût, c'était ainsi. La fille du marchand l'intéressait parce que c'était nouveau, qu'elle avait foi en lui et encore parce qu'il lui fallait essayer sur elle son pouvoir, ce qui allait encore augmenter sa renommée.

« On fait des milliers de verstes pour venir me voir. On parle de moi dans les journaux, le souverain me connaît et même l'Europe mécréante », songea-t-il.

Et, soudain, il eut honte de son orgueil et se remit à prier.

« Seigneur, Roi du Ciel, Consolateur divin, âme de la vérité, venez et descendez en moi, purifiez-moi de tout mal et sauvez mon âme. Purifiez-moi de l'abject orgueil humain qui me domine », répéta-t-il en se rappelant combien de fois et combien en vain il avait prié de la sorte.

Sa prière faisait des miracles pour les autres, mais

lui-même n'était jamais parvenu à recevoir de **Dieu** la libération de cette misérable passion.

Il songea aux oraisons d'autrefois, alors que le **Tout-Puissant** semblait avoir accueilli ses **suppliques.**

Il était pur alors et avait eu le courage de se **trancher** un doigt. A ce souvenir, l'ermite contempla le tronçon rétréci du membre mutilé et, le portant à ses lèvres, le baisa. Il lui sembla alors qu'il avait été humble et que l'amour divin avait résidé en lui. Il se rappela avec quelle tendresse il avait accueilli un vieillard, ce soldat ivre qui lui demandait de l'argent, et elle, la jeune femme...

Et maintenant? Il se demandait s'il aimait quelqu'un ? Sophie Ivanovna, le père Sérapan ? Avait-il ressenti de l'amour pour ceux qu'il avait vus ce jour-là ? Pour ce jeune savant, avec lequel il s'était entretenu en pensant uniquement à montrer sa sagesse et combien il était au courant de la science contemporaine ? Il constata aussi qu'ayant besoin de l'amour des autres, lui-même n'aimait personne...

Il n'y avait en lui ni amour, ni humilité.

Il avait été heureux d'apprendre que la fille du marchand n'eût que vingt-deux ans et maintenant il était impatient de la savoir jolie et pleine de charme féminin.

— Est-il possible que je sois tombé si bas ? songea-t-il en joignant les mains.

Les rossignols répandaient leur chant dans la pénombre. Un insecte grimpa le long de sa nuque.

— Mon Dieu, aidez-moi, sonpira-t-il.

Puis le doute revint.

« Existe-t-il en réalité ? Je frappe à une porte fermée de l'intérieur. Le cadenas est pendu au dehors et j'aurais dû le voir. Ce cadenas, c'est le rossignol, la nature... Ce jeune homme avait peut-être raison.

Et il pria longuement jusqu'à ce que ses pensées fussent disparues et qu'il se fût senti rassuré et calme. Il tira alors la sonnette et dit au frère accouru d'amener le marchand et sa fille.

Le couple arriva et aussitôt le père se retira en laissant sa fille dans la cellule.

C'était une blonde, très pâle, très douce, à la figure enfantine et aux formes attrayantes. Il l'avait bénie à son arrivée et demeura terrifié de la façon dont il regardait son corps, au moment où elle avait passé devant lui. Il avait lu sur son visage qu'elle était très sensuelle et faible d'esprit.

Quand le Père Serge rentra dans sa cellule, elle se leva du tabouret sur lequel elle était assise.

— Je veux aller chez papa, dit-elle.

— Ne crains rien, dit-il. Où as-tu mal ?

— J'ai mal partout, répondit-elle, son visage s'éclairant d'un sourire.

— Prie et tu seras guérie.

— Pourquoi prier ? J'ai prié et ça ne sert à rien. C'est à vous de prier et d'imposer vos mains sur moi. Je vous ai vu dans mon rêve.

— Comment m'as-tu vu ?

— Vous m'avez mis votre main sur la poitrine. Elle prit sa main et la serra contre ses seins.

— Comment t'appelles-tu ?

Il tremblait de tout son corps et, se sachant vaincu, il comprit que le désir dépassait sa volonté.

— Marie. Et alors ?

Elle prit sa main, la baisa et de l'autre elle le prit à la taille, se pressant contre lui.

· — Qu'as-tu ? murmura l'ermite. Marie, tu es le diable...·

· — Oh!... ce n'est rien. ·

Et, s'asseyant près de lui sur le lit, elle le prit dans ses bras.

A l'aube il sortit.

— Est-il possible que ce soit arrivé ? Le père viendra et elle lui dira tout. Elle est le diable. Mais que vais-je faire, moi ? Voilà la hache avec laquelle je me suis coupé le doigt.

Il prit l'instrument et alla vers la cellule.

Le frère-lai le rencontra.

— Voulez-vous que je coupe du bois ?

Le Père Serge lui remit la hache et entra dans la grotte. Allongée sur la couchette, elle dormait et il la contempla un instant avec effroi. Puis, ayant ôté son froc, il endossa le vêtement de paysan, coupa ses cheveux, sortit et prit le chemin qui menait au fleuve.

La route longeait le bord de l'eau. Il la suivit jusqu'au déjeuner, il entra alors dans les blés et se coucha. Le soir le trouva à nouveau sur la route près d'un village qu'il évita, et il arriva à un endroit abrupt.

Il dormit et s'éveilla un peu avant l'aube.

— Il faut en finir. Il n'y a pas de Dieu. Mais comment finir ? Je sais nager, je ne me noierai pas. Me pendre avec ma ceinture ?

Tout cela parut si possible et si proche qu'il en demeura terrifié. Comme à l'habitude, dans ses moments de désespoir, il voulut prier, mais prier qui ? Dieu n'existait pas.

Il restait couché, la tête sur la main, et sentit soudain un tel besoin de sommeil que sa main en tombait. Le sommeil ne dura que quelques instants et il fût aussitôt remplacé par des visions et des souvenirs.

Il se vit alors enfant, dans la maison de sa mère, à la campagne. Une voiture s'arrête devant le perron et son oncle, Nicolas Serguievitch, en descend avec sa large barbe noire. Et avec lui une petite fillette maigriotte, au visage timide et aux grands yeux noirs. C'est Pachinka. On l'amène auprès des garçons, qui sont forcés de jouer avec elle. Ce qui est très ennuyeux. On la tourne en dérision et on l'oblige à montrer comment elle fait pour nager. Elle se couche par terre et fait des mouvements de natation. Les garçons rient et l'appellent imbécile. Ce que voyant, elle rougit et semble si piteuse que Serge ne peut plus oublier ce bon sourire si soumis.

Puis il se souvient de l'avoir vue un peu plus tard, après cela, avant son entrée au couvent. Elle était mariée à un propriétaire terrien qui avait dilapidé toute sa dot et qui la battait. Elle avait eu deux enfants : une fille et un fils mort en bas âge. Il l'avait vue encore une fois au couvent, déjà veuve. Elle était toujours la même, on ne peut dire bête, mais insignifiante et pitoyable. Très pauvre, elle avait amené sa fille et le fiancé de celle-ci. Puis il avait entendu dire qu'elle habitait une ville lointaine et souffrait de la misère.

— Pourquoi penser à elle ? se demanda-t-il.

Mais il ne pouvait pas s'empêcher d'y penser.

— Où est-elle ? Est-elle toujours aussi malheureuse que jadis ? Mais qu'ai-je donc à penser à elle ? C'est bien assez.

L'effroi revint et, pour se sauver, il pensa à Pachinka.

Il resta couché longtemps, pensant tantôt à sa fin inévitable, tantôt à sa cousine. Celle-ci lui paraissait devoir être le salut. Il s'endormit enfin et, dans son rêve, vit un ange qui lui disait :

— Va retrouver Pachinka et apprends d'elle ce que tu dois faire. Elle te dira quel est ton péché et quel est ton salut.

Au réveil il se réjouit de cette vision qui lui semblait divine et décida d'agir ainsi. Il connaissait la ville dans laquelle elle vivait et qui se trouvait à trois cents verstes de là. Il paraît.

V

Depuis bien des années Palenka (1) n'était plus
Palenka, mais une vieille Praskovie Micaïlovna, des-
séchée, ridée et belle-mère du fonctionnaire Mavri-
kieff, ivrogne et raté. Elle habitait la ville de l'arron-
dissement dans lequel ce dernier avait eu sa dernière
place et passait sa vie à nourrir sa famille, sa fille,
son gendre neurasthénique et ses cinq petits-enfants.
Gagner sa vie, c'était pour elle donner des leçons de
musique aux filles des marchands. Elle en avait
quatre ou cinq par jour, de sorte qu'elle arrivait à
gagner soixante roubles par mois. On vivait ainsi, en
attendant une place, et la pauvre vieille, pour l'obtenir, envoyait des lettres à tous les parents et amis,
y compris au Père Serge, qui, d'ailleurs, ne les avait
jamais reçues.

C'était un samedi et la belle-mère pétrissait la pâte
d'un bon pain aux raisins de Corinthe, comme le fa-
briquait si bien, jadis, la cuisinière de son père.
Praskovie voulait en régaler ses petits-enfants pour la
fête du lendemain.

Marie, sa fille, s'amusait avec le plus petit de ses
enfants, tandis que les aînés, le fils et la fille, étaient
à l'école. Le gendre ayant passé une nuit d'insomnie

_____

(1) Diminutif de Preslicowa.

dormait. La bonne vieille avait elle-même longtemps veillé pour calmer la colère de sa fille contre son mari.

Elle voyait bien que son gendre, caractère faible, ne pouvait vivre ni parler autrement qu'il ne le faisait et elle comprenait que les reproches de sa femme n'y feraient rien : aussi s'efforçait-elle d'arranger la situation.

Physiquement, elle ne pouvait supporter les discordes autour d'elle et elle faisait pour le mieux afin que les relations entre ses enfants fussent aussi bonnes que possible. Il était évident que ces querelles ne pouvaient mener à rien de bon et elle souffrait à la vue de la méchanceté comme on souffre d'une mauvaise odeur, d'un choc subit ou de coups.

Praskovie était occupée avec la cuisinière Loukierie, quand le petit Micha, âgé de six ans, accourut sur ses pieds chaussés de bas troués. Son petit visage exprimait l'effroi.

— Grand'mère, un vieillard horrible cherche après toi.

Loukierie écarta la porte pour regarder.

— Il me semble, madame, que c'est un pèlerin.

La vieille essuya ses mains après son tablier et voulut aller dans la chambre pour chercher cinq kopeks ; mais soudain elle se rappela qu'elle n'avait pas de si petites monnaies. Aussi décida-t-elle de ne donner que du pain, quand, soudain, rougissant de ce qu'elle appelait son avarice, elle courut chercher les dix kopeks.

— Ce sera ta punition, se dit-elle. Tu donneras le double.

Elle tendit l'aumône au vieillard, toute honteuse de

lui donner si peu, car l'aspect de ce dernier était vraiment imposant.

Bien qu'il eût fait trois cents verstes en mendiant, qu'il eût maigri et noirci, que ses cheveux fussent coupés, que son bonnet et ses bottes fussent d'un paysan, bien qu'il saluât humblement, Serge avait toujours ce grand air expressif qui avait toujours attiré le monde vers lui. Mais pouvait-elle le reconnaître après vingt ans ?

— Ne vous fâchez pas, petit père. Voulez-vous manger quelque chose ?

Il avait pris l'argent et le pain, mais au grand étonnement de Praskovie, il continuait de la regarder.

— Pachinka, je viens te voir.

Les beaux yeux noirs la regardaient suppliants et brillants de larmes, tandis que sous la barbe grisonnante les lèvres tremblaient pitoyablement.

Praskovie, de ses deux mains, saisit sa poitrine maigre, ouvrit la bouche et fixa ses prunelles effacées sur le visage du pèlerin.

— Mais c'est impossible, Stéphan, Serge, Père Serge !

— Lui-même, dit Serge à voix basse. Non pas le Père Serge, mais un grand pécheur, Stéphan Kassatsky. Reçois-moi, aide-moi.

— Mais c'est impossible. Vous vous êtes donc humilié à ce point ? Mais venez donc.

Elle lui tendit une main qu'il ne prit pas et la suivit. Mais où aller ? Le logement était tout petit. D'abord, elle avait eu une toute petite chambre pour elle, mais elle l'avait donnée à sa fille, qui maintenant berçait son nourrisson.

— Asseyez-vous donc ici, dit-elle en désignant le banc de la cuisine.

Serge prit place et, d'un geste visiblement habituel, enleva ses deux musettes.

— Mon Dieu, mon Dieu... Que vous vous êtes humilié, petit père ! Une gloire pareille et soudain...

Serge ne répondit pas et sourit humblement en plaçant ses musettes à côté de lui.

— Marie, sais-tu qui c'est ?

Dans un chuchotement mystérieux, Praskovie renseigna sa fille sur la qualité de Serge et toutes deux s'empressèrent de sortir le berceau de la chambre qu'elles préparèrent aussitôt pour le pèlerin.

— Reposez-vous là, dit la vieille, et ne soyez pas fâché que je m'en aille, car il me faut partir.

— Où ?

— J'ai des leçons. Je suis honteuse de l'avouer. J'enseigne la musique.

— La musique, c'est fort bien. Mais, voyez-vous, Praskovie Michaïlovna, je suis venu vous parler d'une chose qui m'intéresse beaucoup. Quand pourrai-je vous parler ?

— J'en suis toute confuse. Voulez-vous ce soir ?

— Oui, mais, je vous prie, ne dites à personne qui je suis. Personne ne sait où je suis allé. Il le faut ainsi.

— Mais je l'ai déjà dit à ma fille.

— Demandez-lui de n'en parler avec personne.

Serge enleva ses bottes, se coucha et s'endormit comme on fait après une nuit d'insomnie et quarante verstes dans les jambes.

A son retour, Praskovie vint trouver Serge dans la petite chambre où il l'attendait. Il n'avait pas paru à

ner, se contentant de manger de la soupe et du gruau
que Loukierie lui avait apporté.

— Tu es donc venue plutôt que tu avais promis ?
dit-il.

— Comment ai-je mérité le bonheur d'une telle visite ? s'exclama-t-elle. J'ai manqué ma leçon. Plus
tard... J'avais toujours rêvé d'aller vous voir et je vous
ai écrit. Ah ! quel bonheur !

— Pachinka, crois-moi : les paroles que je vais te
dire sont comme des paroles que je dirai à Dieu à
l'heure de ma mort. Pachinka, je ne suis pas un
saint. Je ne suis même pas un homme ordinaire. Je
suis un pécheur abominable, égaré et orgueilleux. Je
ne sais si je suis le plus mauvais de tous, mais je sais
que je suis pire que les mauvais.

La vieille femme le regardait, les yeux largement
ouverts. Elle cherchait à croire. Enfin, elle toucha
la main de Serge et dit en souriant tristement :

— Tu exagères peut-être, Stéphan ?

— Non, Pachinka, je suis un débauché, un assas-
sin, un fourbe et un blasphémateur.

— Mon Dieu, qu'y a-t-il donc ? murmura Praskovie.

— Mais il faut vivre. Et moi qui croyais tout connaître, qui enseignais aux autres comment ils devaient vivre, je n'en sais rien aujourd'hui et je te demande de me l'apprendre.

— Qu'est-ce que tu dis, Stéphan ? Tu te moques de
moi; pourquoi tous vous moquez-vous toujours de
moi ?

— Bien, je me moque de toi. Mais dis-moi comment
tu vis et comment tu as vécu.

— Moi, j'ai vécu une vie détestable et maintenant

Dieu m'ayant punie, je vis mal, très mal.

— Mais comment as-tu vécu avec ton mari ?

— Très mal. Je l'ai épousé par un amour honteux. Papa ne voulait pas, mais je n'y ai pris garde et j'ai passé outre. Epouse, au lieu d'aider mon mari, je le torturais de ma jalousie que je n'arrivais pas à vaincre en moi.

— J'ai entendu dire qu'il buvait.

— Oui, mais au lieu de le calmer, je lui faisais des reproches. Et c'est pourtant une maladie : il ne pouvait se retenir et je me souviens maintenant comme je l'en empêchais. Et nous avions des scènes terribles.

Ses beaux yeux, où se reflétait la souffrance du souvenir, regardaient Kassatsky qui, maintenant, se rappelait avoir entendu dire que son mari battait Pachenka. Et, regardant le cou long et maigre strié de grosses veines et la tête coiffée de cheveux mi-gris, mi-blonds, il lui sembla voir comment ces scènes se passaient.

— Alors je suis restée seule avec deux enfants, sans moyens d'existence.

— Mais vous aviez pourtant un bien ?

— Nous l'avions déjà vendu du temps de Basile... et nous avons tout dépensé. Il fallait vivre et, comme toutes les jeunes filles du monde, je ne savais rien faire. J'étais particulièrement inhabile et peu faite pour la lutte. Alors, nous avons dépensé le dernier argent. En donnant des leçons aux enfants, j'ai moi-même appris quelques bribes. Alors, mon Mitia tomba malade, en quatrième, et Dieu le prit. Marie s'éprit de Vania, mon gendre. Il est bon, mais malheureux, malade.

— Maman, interrompit la voix de la fille, prenez

donc le petit, je ne puis pourtant me couper en deux.

Praskovie Mikaïlovna tressaillit, se leva et, trotti-nant vivement dans ses souliers éculés, sortit pour revenir aussitôt, un enfant de deux ans dans les bras.

— Alors, que disais-je? Ah! bien. Mon gendre avait une bonne place, ici, et son chef était très aima-ble ; mais Vania s'irrita et donna sa démission.

— Qu'a-t-il donc ?

— Il est neurasthénique et c'est une maladie ter-rible. Nous avons consulté. Il faudrait partir, mais nous n'en avons pas les moyens. J'ai toujours espoir que cela va passer. Il ne souffre pas, mais...

Une voix méchante, mais faible, retentit dans la pièce voisine.

— Loukierie ! On l'envoie toujours faire une course quand j'ai besoin d'elle. Maman !...

Praskovie Mikaïlovna interrompit son récit.

— Tout de suite ! cria-t-elle.

Puis, se tournant vers Serge :

— Il n'a pas encore dîné, car il ne peut pas man-ger avec nous.

Elle ressortit en courant et revint bientôt en es-suyant ses mains maigres et brunies.

— Et voilà comme je vis. Nous nous plaignons et nous sommes toujours mécontents, et pourtant, grâce à Dieu, les petits enfants sont braves, bien portants, et l'on arrive à vivre. Quant à moi...

— Et de quoi vivez-vous ?

— Je gagne un peu. Dans le temps, la musique m'ennuyait, mais maintenant elle me rend service.

Sa main, qu'elle tenait appuyée sur la commode, tapotait machinalement le meuble comme pour un exercice.

— Et combien te paie-t-on la leçon ?

— Il y en a qui me donnent un rouble, d'autres cinquante kopeks et j'en ai même à trente. Mais ils sont si bons pour moi.

— Eh bien, font-ils des progrès au moins ? dit Kassatsky, souriant à peine.

Praskovie Mikaïlovna ne comprenant pas, d'abord, le sérieux de la question, regarda son cousin dans les yeux.

— Il y en a qui en font. Il y a la bonne petite fille du boucher, une bonne, très bonne petite fille, répéta-t-elle, et si j'étais une femme d'ordre, je pourrais bien, grâce aux relations de son papa, trouver une place pour mon gendre. Mais je n'ai jamais rien su faire et je les ai tous conduits où ils en sont.

— Oui, oui, dit Serge, en baissant la tête. Et dites-moi encore, Pachinka, pour ce qui est de votre vie religieuse, où en êtes-vous ?

— Oh ! ne me parlez pas de cela ! J'ai tant de péchés sur le cœur ! Quand je suis obligée de conduire les enfants à l'église, je communie avec eux ; mais, le reste du temps, il m'arrive de passer un mois entier sans entrer à l'église.

— Et pourquoi n'y allez-vous pas ?

— Eh bien ! pour vous dire toute la vérité, dit-elle en rougissant, j'ai honte, à cause de Macha et des enfants, de me montrer avec eux dans mes vieilles nippes. Et je n'ai rien d'autre à me mettre. Et puis, si vous saviez comme je suis paresseuse !

Un appel de son gendre l'interrompit à nouveau.

— Oui, j'arrive tout de suite ! répondit-elle, avant de sortir de la chambre.

Lorsqu'elle revint, un moment après, son visiteur

était assis dans la même attitude, un coude appuyé sur son genou et la tête baissée. Mais son sac était déjà rattaché sur son dos.

En voyant rentrer Praskovie avec une petite lampe de fer blanc sans abat-jour, il éleva sur elle ses beaux yeux fatigués et soupira profondément.

— Vous savez, commença-t-elle d'un ton gêné, je n'ai dit à personne qui vous étiez ! J'ai dit simplement que vous étiez un pèlerin, un ancien noble, et que je vous avais connu autrefois. Mais maintenant ne voudriez-vous pas venir prendre du thé dans la salle à manger ?

— Non, Pachinka, je n'ai plus besoin de rien ! Que Dieu vous bénisse. Moi, maintenant, je m'en vais ! Mais d'abord il faut que je vous remercie. Je voudrais pouvoir m'agenouiller devant vous ; mais je sais que cela ne servirait qu'à vous embarrasser ! Pardonnez-moi pour l'amour du Christ.

— Donnez-moi au moins votre bénédiction !

— Dieu se chargera bien de vous bénir. Mais pardonnez-moi pour l'amour du Christ !

Il se releva et s'apprêta à partir ; mais elle le retint, alla lui chercher un morceau de pain beurré, le força à le prendre dans son sac.

La soirée était sombre, et Serge avait à peine dépassé la seconde maison de la rue que déjà Praskovie le perdit de vue. Elle put entendre seulement qu'un chien aboyait sur son passage.

« Voilà donc ce que signifiait ma vision ! Pachinka m'a montré ce que j'aurais dû être. Moi, j'ai vécu pour l'homme, sous prétexte de vivre pour Dieu ; et elle, elle vit en Dieu, en s'imaginant qu'elle vit pour l'homme. La moindre de ses actions, un verre d'eau froide donné sans attente de récompense, vaut infiniment mieux que tous les bienfaits que je croyais prodiguer au monde. »

Puis il se demanda : « Mais est-ce que, tout de même, il n'y avait pas en moi une petite graine de désir sincère de servir Dieu ? » Et une voix intérieure lui répondit : « Oui, c'est vrai, mais ce désir s'est trouvé si souillé, si recouvert du désir des éloges du monde ! Il n'y a point de Dieu pour l'homme qui désire les éloges du monde. Il faut maintenant que tu te mettes en quête de Dieu ! »

De la même façon qu'il était venu vers Pachinka, il se mit à aller de village en village, rencontrant d'autres pèlerins, puis les quittant et mendiant son pain, ainsi qu'un abri pour la nuit, au nom du Christ. Parfois, un paysan ivre l'insultait, parfois une ménagère bourrue le rudoyait ; mais le plus souvent on lui donnait à manger et à boire. Beaucoup de paysans étaient même particulièrement bien disposés envers lui, en raison de sa noble apparence. Il est vrai que d'autres, çà et là, semblaient se réjouir de voir un noble réduit à la misère. Mais sa parfaite douceur avait raison de toutes les préventions élevées contre lui.

Il lui arrivait souvent de trouver une Bible, dans une des maisons où il était accueilli. Il se mettait alors à en lire tout haut des passages ; et toujours ses hôtes l'écoutaient avec ravissement, s'étonnant que des choses qui leur étaient familières leur parussent nouvelles.

S'il réussissait à rendre service d'une manière quelconque, soit en donnant un conseil, soit en apaisant une dispute, ou encore au moyen de son habileté à lire et à écrire, toujours il s'enfuyait aussitôt après, ne voulant pas attendre l'expression de la reconnaissance qu'il inspirait. Et ainsi, peu à peu, Dieu commença vraiment à se révéler à lui.

Un jour, il allait sur la route en compagnie de deux femmes et d'un soldat. Ils furent arrêtés par un groupe de promeneurs ; c'étaient un monsieur et une dame, dans une élégante voiture, et un autre couple à cheval. Le monsieur assis dans la voiture était un étranger; un Français en visite dans une famille riche de la ville voisine.

Les hôtes du Français furent heureux de pouvoir lui montrer des représentants de cette race de pèlerins, qui, disaient-ils, « en exploitant une superstition du paysan russe, montrent leur supériorité en vagabondant au lieu de travailler ». Ils disaient cela en français, pensant bien que personne des pèlerins ne pourrait les comprendre.

— Demandez-leur, dit le Français, s'ils sont bien sûrs que leur pèlerinage soit agréable à Dieu.

La question leur ayant été traduite en russe, la vieille femme répondit :

— Cela est absolument comme Dieu le veut. Nos pieds sont arrivés bien souvent aux lieux saints, mais, quant à nos cœurs, nous ne pouvons rien en dire.

On interrogea ensuite le soldat. Il répondit qu'il était seul au monde et n'avait d'attache nulle part. Enfin les promeneurs demandèrent à l'ex-Père Serge qui il était.

— Un serviteur de Dieu !

— Celui-là doit être un fils de pope ! reprit alors le Français. On voit qu'il est de meilleure race que les autres. Avez-vous de la petite monnaie ?

Puis le Français remit vingt kopeks à chacun des pèlerins.

— Mais dites-leur bien que ce n'est pas pour des cierges que je leur donne cet argent, mais afin qu'ils se régalent de thé !

Puis, essayant de prononcer l'un des rares mots russes qu'il avait pu apprendre : « Tchaï, tchaï », dit-il avec un sourire protecteur.

Et il frappa Kassatsky sur l'épaule, de sa main gantée.

— Que le Christ vous sauve, répondit Kassatsky en baissant sa tête chauve, sa casquette toujours à la main.

Et Kassatsky se réjouit tout particulièrement de cet incident en raison de l'extrême facilité avec laquelle il avait montré son mépris pour l'opinion du monde. L'instant d'après, il donnait ses vingt kopeks à ses compagnons.

Et à mesure qu'il avait moins de souci de l'opinion du monde, il sentait plus profondément que Dieu était avec lui.

Pendant huit mois, Kassatsky erra de cette manière, jusqu'au jour où il fut arrêté dans un asile de nuit où il couchait avec d'autres pèlerins. N'ayant point de passeport à montrer, il fut conduit au bureau de police. Quand on lui demanda des papiers pour prouver son identité, il répondit qu'il n'en avait aucun et qu'il était serviteur de Dieu. Il fut gardé par la police et envoyé en Sibérie.

Là, il se fixa dans la ferme d'un paysan, où il vit encore à cette heure. Il travaille au potager, instruit les enfants à lire et à écrire, et le village entier le considère comme un garde-malade sans pareil.

LUCERNE

LUCERNE

(Fragment des Mémoires du Prince Nekloudoff.)

8 juillet 1857.

Hier soir, je suis arrivé à Lucerne et me suis arrêté dans le meilleur hôtel, le Sweizerhoff.

« Lucerne, la vieille ville cantonale, située au bord du lac des Quatre Cantons, est un des sites, dit Murray, les plus romantiques de la Suisse. Trois routes principales s'y croisent et à une heure de bateau se trouve le Rigi, d'où l'on voit un des plus grandioses paysages du monde. »

Vrai ou non, les autres guides affirment la même chose et c'est pourquoi les touristes de toutes nations, et particulièrement les Anglais, abondent à Lucerne. Le bel immeuble du Schweitzerhoff est construit sur le quai, au bord du lac, à l'endroit même où jadis courait tout tortueux un pont couvert en bois et, dans les coins, orné de chapelles et de saintes images.

Maintenant, grâce à l'invasion anglaise, à leurs exigences, à leur goût et à leur argent, le vieux pont est

disparu et à sa place s'étend un quai rectiligne. On
y construit des maisons carrées, à cinq étages, et
devant sont plantées deux rangées de tilleuls proté-
gés par leurs tuteurs et, entre les tilleuls, comme il
convient, des petits bancs verts. Cela s'appelle une
promenade et c'est là que, de long en large, se pro-
mènent des Anglaises coiffées de chapeaux tyroliens,
ainsi que des Anglais vêtus de costumes confortables
et solides. Et tous sont contents d'eux-mêmes.

Il se peut que tous ces quais, et ces maisons, et
ces Anglais puissent faire fort bien quelque part.
Mais assurément pas ici, dans cette nature étrangement grandiose et en même temps harmonieuse et
douce. Quand je fus dans ma chambre et que j'eus
ouvert ma fenêtre sur le lac, la beauté de ses eaux,
des montagnes et du ciel m'éblouit d'abord et m'agita
infiniment. Je ressentis une inquiétude intérieure et
le besoin de dire à quelqu'un tout ce qui emplissait
mon âme. Et j'eus voulu, à ce moment-là, presser
quelqu'un sur ma poitrine, le presser, lui faire, à lui
ou à moi, quelque chose d'extraordinaire.

Il était sept heures du soir. La pluie avait tombé
toute la journée et maintenant seulement le ciel
s'éclaircissait. Le lac, bleu comme la flamme du
soufre, avec les points que formaient les bateaux,
s'étendait immobile et comme bordé entre les rives
vertes et variées. Il partait en avant, se serrant entre
deux saillies de montagne; puis, plus foncé, s'ap-
puyait et disparaissait entre des roches, des nuages et
des glaciers entassés les uns sur les autres.

Au premier plan, des rivages humides, vert clair,
s'en allaient avec leurs roseaux, leurs prairies, leurs
jardins, leurs villas. Plus loin, des saillies vert som-

bre portant des ruines féodales; et tout au fond la
montagne lointaine, d'un bleu mauve, avec l'étrangeté
des cimes rocailleuses et d'un blanc mat. Le
tout inondé de l'azur transparent et doux de l'at-
mosphère, et éclairé par les rayons chauds du cou-
chant qui filtraient parmi les déchirures du ciel. Ni sur
le lac, ni sur les montagnes, nulle part une ligne entière, nulle part une couleur entière; nulle part deux
moments identiques : partout le mouvement, l'asymé-
trie, la bizarrerie, un mélange infini d'ombres et de
lignes et, en même temps, le calme, la douceur, l'unité
et le désir d'un Beau absolu.

Et cependant, dans cette beauté indéterminée, en-
chevêtrée et libre, ici, devant mes fenêtres, s'allongeait stupidement, artificiellement, la blanche ligne du
quai, les tuteurs des tilleuls, les bancs verts, toute
l'œuvre humaine pauvre et bête. Bien loin de se perdre, comme les villas et les ruines, dans la belle harmonie de l'ensemble, tout cela allait grossièrement à
l'encontre de cette harmonie.

Sans cesse et involontairement mon regard se heur-
tait à l'horreur de cette ligne droite; j'eusse voulu
l'anéantir, l'effacer comme on ferait pour une tache
noire qu'on a sur le nez et qui vous fait clignoter. Mais
le quai, avec les Anglais en promenade, restait bien là
et malgré moi je cherchais un point de vue où il ne
m'incommoderait pas. J'arrivai enfin à bien contempler et jusqu'au dîner je pus jouir de ce sentiment
doucement languide, mais incomplet, qu'on éprouve
dans la contemplation solitaire des beautés de la
nature.

A 7 h. 30, on nous appela pour dîner. Dans une

grande pièce lumineuse, deux longues tables de cent couverts étaient dressées. Les préparatifs durèrent trois minutes au moins : c'était le rassemblement des convives, le bruissement des robes, les pas légers, les conversations avec les maîtres d'hôtel d'ailleurs courtois et élégants. Les places étaient occupées par des hommes et des femmes mises selon le dernier cri; comme partout d'ailleurs en Suisse, la majorité des convives était anglaise et, à cause de cela, d'une correction parfaite, mais peu communicative, non point par orgueil, mais parce qu'elle n'éprouvait aucun besoin de rapprochement. De tous côtés, on voyait resplendir les dentelles, les faux-cols, les dents, naturelles ou fausses, les visages et les mains. Mais ces visages, parfois très beaux, n'exprimaient que la conscience d'un bien-être personnel, et l'inattention complète pour tout le reste, si cela ne les intéressait pas directement. Aucun sentiment issu de l'âme ne se reflétait dans le geste de ces mains blanches, ornées de bagues et de mitaines. Elles ne paraissaient faites que pour réparer la position du faux-col, couper la viande et verser du vin. Les familles échangeaient parfois, à voix basse, quelques appréciations sur le goût des mets ou sur le spectacle de beauté qui s'offre aux yeux du sommet du Rigi. Les voyageuses et les voyageurs isolés étaient assis côte à côte sans même se regarder. Et si, chose rare, deux de ces cent convives entraient en conversation, ils n'échangeaient d'autres propos que ceux concernant le temps ou l'ascension du sempiternel Rigi.

On entendait à peine couteaux et fourchettes toucher les assiettes. On se servait fort discrètement. Des maîtres d'hôtel, observant les règles de la taciturnité générale, chuchotaient en demandant quel vin on désirait prendre.

Ce genre de dîner me rend infiniment morose, désagréable et triste. Il me semble toujours que je me suis rendu coupable de quelque chose, que je suis puni et je me sens reporté aux jours de ma jeunesse où chacune de mes infractions était punie par un envoi dans le coin avec une interpellation ironique : « Repose-toi un peu, mon petit. » Et, dans mes veines, mon jeune sang battait et dans la chambre voisine, on entendait la voix joyeuse de mes frères.

Longtemps j'ai cherché à réagir contre l'accablement de ces dîners; mais en vain. Toutes ces figures muettes ont sur moi une influence à laquelle je ne puis échapper et je deviens aussi muet qu'elles. Je n'ai plus ni désir, ni pensée et même je n'observe plus. Autrefois, j'avais tenté de causer avec mes voisins; mais, en dehors des phrases mille fois répétées, je n'ai jamais rien entendu à retenir. Et pourtant tous ces gens ne sont ni bêtes ni privés de sensibilité. Je suis même persuadé que beaucoup parmi ces êtres congelés ont une vie intérieure aussi active que la mienne; chez beaucoup d'entre eux, plus complexe et plus intéressante. Pourquoi alors se privent-ils d'un des plus grands plaisirs de la vie, la communion avec tous les êtres?

Combien loin je me trouvais de ma pension de famille parisienne où tous, vingt hommes de nations, de professions et de caractères différents, nous nous groupions à la table commune, sous la bonne sociabilité française, comme pour un plaisir. C'était alors, d'un bout de la table à l'autre, une conversation entremêlée de plaisanteries et de calembours, bien

que souvent dans une langue bizarre, qui nous prenait tous. Chacun alors, sans se soucier des consé-
quences possibles, bavardait à cœur ouvert. Nous
avions notre philosophe, notre *bel esprit*, notre *plas-
tron*, et tout était en commun. Et aussitôt le repas
terminé, nous reculions la table et, sans souci de la
mesure, nous dansions la polka sur un tapis poussié-
reux. Nous étions là des gens très coquets, quoique
bien peu intelligents, ni trop respectables. Il y avait
parmi nous une comtesse espagnole aux romanesques
aventures, un abbé italien qui déclamait après dîner,
la Divine Comédie, et un docteur américain qui avait
ses entrées aux Tuileries. Il y avait aussi un jeune
dramaturge aux cheveux trop longs, une pia-
niste qui, disait-elle, avait composé la plus belle polka
du monde et la veuve à la fatale beauté dont chaque
doigt s'ornait de trois bagues. Nos relations mutuel-
les étaient humaines, encore qu'un peu superficielles;
nous nous traitions en amis et chacun de nous emporta de ces souvenirs soit légers, soit profonds qui
tous ravissent le cœur.

A cette table d'hôtes anglais, je pense au contraire
souvent en regardant ces dentelles, ces rubans, ces
bagues, ces cheveux pommadés et ces robes de soie,
au nombre de femmes vivantes qui auraient pu être
heureuses de tout cela et à celui des hommes dont
elles auraient pu faire le bonheur. Et il me semble
étonnant que ceux-là, assis côte à côte, ne s'aper-
çoivent même point qu'ils pourraient être aimés ou
amants. Et Dieu sait pourquoi ils ne le seront jamais
et ne se donneront jamais l'un à l'autre le bonheur
qu'il est si facile de donner et qu'ils désirent tous.

Je sentis la tristesse habituelle à ce genre de dîner

m'envahir et, sans terminer les desserts, je quittai la salle et partis en ville, toujours sous cette impression.

Les rues étroites, sales et mal éclairées, les boutiques qu'on fermait, les rencontres avec des ouvriers ivres, rien ne put la dissiper, pas même la vue des femmes qui allaient à l'eau ou celles coiffées de chapeaux qui longeaient les murs et se glissaient dans les ruelles. Les rues étaient déjà sombres quand, sans regarder autour de moi et sans penser, je retournai vers l'hôtel, espérant que le sommeil allait me débarrasser de cette mélancolie. Je ressentais ce froid à l'âme qui accompagne le sentiment de solitude qu'on ressent sans cause apparente dans les déplacements.

Les yeux fixés sur mes pieds, je longeais le quai dans la direction du Schweitzerhoff, quand soudain j'entendis une musique agréable et douce dont les sons me réconfortèrent immédiatement. Je me sentis si bien et si gai qu'il me sembla qu'une lumière joyeuse et claire entrait dans mon âme. Mon attention endormie se fixa à nouveau sur les objets qui m'entouraient et la beauté de la nuit et du lac, auparavant indifférente me frappèrent maintenant de ravissement. Instantanément et involontairement, j'eus le temps de remarquer le ciel d'un bleu sombre qu'éclairait la lune naissante et parcouru de lambeaux de nuages gris. Je voyais aussi le vert sombre du lac étale où des feux lointains se reflétaient. Au lointain, vers les montagnes coiffées de brume, j'entendais le bruit des grenouilles du Freschenburg et le frais sifflement des cailles sur l'autre rive.

Juste en face de moi, à l'endroit d'où sortait la

musique qui m'avait frappé et où mon attention restait fixée, je vis dans les ténèbres, au milieu de la rue, une foule qui s'était assemblée en demi-cercle. Devant elle et à quelque distance se tenait un tout petit homme vêtu de noir. Derrière la foule et l'homme, sur le ciel sombre, bleu, gris et déchiré quelques frondaisons noires se détachaient et des deux côtés de l'antique cathédrale se dressaient les deux pointes sévères des tours.

Je m'approchai et les sons devinrent plus clairs. Je distinguai de lointains accords de guitare qui passaient doucement dans l'air du soir. On eut dit que plusieurs voix, s'interrompant mutuellement, sans chercher à rendre le thème, chantaient des fragments de phrases et ainsi laissaient sentir ce thème qui était comme une agréable et gracieuse mazurka. Ces voix semblaient tantôt lointaines, tantôt proches. On entendait tantôt le ténor, tantôt la basse, tantôt le fausset, le tout accompagné des roucoulements de la tyrolienne. Ce n'était point une chanson, mais la maîtresse esquisse d'une chanson. Je ne comprenais pas ce que c'était, mais c'était vraiment beau. Ces accords de guitare voluptueux et faibles, cette mélodie légère et tendre et cette minuscule figure solitaire du tout petit homme noir, dans l'entourage fantastique du lac ténébreux, de la lune à peine visible, des immenses pointes des tours, silencieuses et des noires frondaisons du jardin, tout cela était indiciblement et étrangement beau ou du moins me l'avait paru.

Toutes les impressions complexes et involontaires de la vie prirent soudain pour moi une signification et une beauté inconnues. Fraîche et parfumée, une fleur, eut-on dit, était éclose en mon âme. La nécessité d'aimer, l'espoir et la seule joie d'être avait soudain remplacé en moi la fatigue, la distraction et l'indifférence envers le monde entier que j'avais éprouvées un instant auparavant.

— Que vouloir? Que désirer? quand de tous côtés je suis entouré de beauté et de poésie, me dis-je. Absorbe-la par profondes gorgées, de toutes tes forces, jouis-en, car que voudrais-tu de plus? Tout ce bonheur est à toi.

Je m'approchai. Le petit homme était, comme je le sus plus tard, un Tyrolien ambulant. Son petit pied en avant, sa tête dressée en l'air, raclant sa guitare, il se tenait debout sous les fenêtres de l'hôtel, chantant à plusieurs voix sa gracieuse mélodie.

Aussitôt je ressentis de la tendresse et de la reconnaissance pour lui qui avait opéré un tel changement en moi. Autant que je pus le distinguer, il était vêtu d'une antique redingote et d'une vieille casquette bourgeoise et simple, des cheveux noirs, pas trop longs s'échappaient. Son costume n'avait rien d'artistique, mais sa pose, puérilement fougueuse, contrastant avec la petitesse de sa taille, composait un spectacle drolatique et touchant tout ensemble. A l'entrée de l'hôtel, à ses fenêtres et sur ses balcons, se tenaient des dames en larges crinolines, des messieurs avec des faux-cols d'une blancheur immaculée, le portier et les valets en livrées cousues d'or ; dans la rue, parmi la foule et plus loin, sous les tilleuls du boulevard s'étaient arrêtés des garçons d'hôtel, élégants, des cuisiniers aux immenses bonnets blancs, des jeunes filles enlacées ainsi que des promeneurs de toutes sortes. Tous ces gens semblaient éprouver le même sentiment que moi car, en silence, ils entouraient le chanteur, l'écoutant attentivement.

Tout était silence ; et seul, dans les intervalles de la chanson, arrivaient comme glissant sur l'eau, le bruit d'une forge lointaine; et de Freschenburg les trilles épars des grenouilles, interrompus seulement par le sifflement monotone des cailles.

Le petit homme, au milieu de la rue, dans les ténèbres, se répandait en vocalises de rossignol, le couplet suivant le couplet, la chanson, la chanson. Bien que je me fusse approché tout près de lui, son chant ne cessait de me procurer un immense plaisir. Sa petite voix était infiniment agréable ; la tendresse, le goût et le sentiment de la mesure indiquaient un don de nature. Le refrain de chaque couplet était chanté d'une façon différente et l'on sentait que tous ces gracieux changements lui venaient librement et instantanément.

Dans la foule, sur les balcons du Schweitzerhoff, comme sur le boulevard, le silence respectueux était souvent interrompu par des chuchotements admiratifs. Les fenêtres de l'hôtel s'emplissaient de plus en plus de personnages importants ; des promeneurs s'arrêtaient et le quai en était couvert.

Tout près de moi, un cigare à la bouche, se tenait, un peu éloignés de la foule, l'aristocratique cuisinier et le maître d'hôtel. Le premier appréciait les beautés de la musique et à chaque note élevée, il hochait la tête d'un air mi-admiratif, mi-étonné et poussait du coude son voisin et semblait dire :

— Il chante, hein, celui-là !

Quant au maître d'hôtel, qui posait pour un homme ayant beaucoup vu et entendu, il répondait aux coups de coude admiratifs du cuisinier par un haussement d'épaules qui en disait long. Pendant un temps d'arrêt, pendant lequel le chanteur toussota, je demandais au maître d'hôtel quel était cet homme et s'il venait souvent.

— Deux fois par été, répondit l'autre. Il est du canton d'Argovie et mendigote...

— Les gens comme lui sont-ils nombreux par ici, demandai-je?

— Oui, oui, répondit-il, n'ayant pas compris ma question.

Puis il ajouta, ayant enfin compris :

— Oh! non, je ne vois que lui par ici.

A ce moment le petit homme ayant terminé sa chanson, retourna sa guitare et dit dans son patois quelques mots qui provoquèrent le rire de la foule.

N'ayant pas compris, je demandai :

— Qu'a-t-il dit ?

— Il dit que son gosier est sec et qu'il voudrait bien boire un verre de vin, traduisit le maître d'hôtel.

— Il aime à boire, sans doute?

— Ils sont tous comme cela, répondit le valet en souriant avec un petit signe de la main.

Le chanteur ôta sa casquette et faisant tournoyer sa guitare s'approcha de l'hôtel. Le nez en l'air, il s'adressa aux voyageurs qui se tenaient aux fenêtres et aux balcons.

— *Messieurs et Mesdames*, dit-il dans son accent, mi-allemand, mi-italien, *si vous croyez que je gagne quelque chose, vous vous trompez, je ne suis qu'un pauvre tiaple.*

Ses intonations avaient quelque chose de ce ton qu'emploient les bateleurs en s'adressant au public qui les admire.

Il s'arrêta, se tut un instant, et comme on ne lui donnait rien, il fit pivoter encore sa guitare et annonça :

— *Maintenant, Messieurs et Mesdames, je vous chanterai l'air du Rigi* (1).

Le public élégant de l'hôtel ne dit rien, mais sans bouger attendit la nouvelle chanson, tandis qu'en bas retentissaient quelques rires, sans doute parce que sa façon de s'exprimer était bien drôle, ou peut-être encore parce qu'on ne lui avait rien donné.

Je lui donnai quelques sous qu'il fit passer adroitement d'une main dans l'autre, puis, les ayant mis dans son gousset, il chanta une nouvelle et gracieuse chanson du Tyrol, l'air du Rigi.

Ce morceau, qu'il devait sans doute garder pour la fin, était encore mieux que les autres et provoqua l'assentiment général. L'air terminé, encore une fois il tendit à nouveau sa casquette et répéta son incompréhensible phrase :

— *Messieurs et Mesdames, si vous croyez que je gagne quelque chose...*

Il continuait sans doute à la considérer comme adroite et spirituelle, mais dans sa voix, je déchiffrais maintenant quelque indécision et un peu de timidité enfantine, ce qui s'accordait avec sa petite taille.

Le public élégant se tenait toujours au balcon, dans la lumière des fenêtres éclairées. Quelques-uns s'entretenaient, sur un ton correctement bas, du chanteur probablement. D'autres contemplaient avec curiosité sa petite silhouette noire et d'un des balcons fusa le rire joyeux d'une jeune fille.

_____

(1) En français dans le texte.

Au-dessus de la foule du bas s'élevait le bruit des voix et des lazzis de plus en plus nombreux. D'une voix faiblissante, le chanteur répéta une troisième fois sa phrase et sans la terminer il tendit à nouveau sa casquette. Puis, sans attendre, il la remit sur sa tête. Toujours rien, et la foule impitoyable se mit à rire franchement.

Le chanteur, que je vis plus petit encore, souleva sa casquette, prit sa guitare et dit : —

— *Messieurs et Mesdames, je vous remercie et je vous souhaite une bonne nuit.*

Un rire franc salua ce dernier geste. Les balcons commençant à se vider, les promeneurs se remirent en marche peu à peu, et le quai, jusqu'ici silencieux, s'anima à nouveau. J'entendis le petit homme grommeler quelques mots; je le vis partir vers la ville et sa petite silhouette allait diminuant de plus en plus dans le clair de lune. Seuls quelques hommes, en riant, le suivirent à distance...

Je me sentis tout à fait confus, car je ne comprenais pas. Debout à ma place, je suivais sans pensée dans les ténèbres, ce petit homme qui allongeait le pas vers la ville et les promeneurs qui riaient derrière lui. Une douleur sourde montait en moi et comme une honte, pour le petit homme, pour la foule et pour moi-même. Et c'était comme si j'avais demandé de l'argent, qu'on ne m'eût rien donné et qu'on m'eût accablé de quolibets. Le cœur serré, sans me retourner, j'allai vers mon appartement et montai les marches du Schweitzerhoff sans me rendre compte du lourd sentiment qui m'écrasait.

Dans l'entrée toute resplendissante, le portier galonné s'écarta poliment devant moi, ainsi que devant

une famille anglaise qui venait en sens inverse. Un
bel homme, grand, large, le visage orné de favoris
anglais, un plaid et un rotin de bambou à la main
s'avançait avec assurance, donnant le bras à une dame
vêtue d'une robe de soie bariolée, couverte de rubans
multicolores et de superbes dentelles. A leur côté
marchait une jolie et fraîche jeune fille, coiffée d'un
gracieux chapeau suisse orné d'une plume *à la mous-
quetaire*. Des boucles blondes entouraient sa jolie
petite figure d'une blancheur liliale. Devant eux sau-
tillait une fillette de dix ans, toute rose, toute blonde,
les genoux nus sous les dentelles.

— Quelle belle nuit! disait la femme toute heureuse.

— Aoh! meugla paresseusement l'Anglais, qui, dans
sa vie heureuse, n'éprouvait même pas le besoin de
parler.

Et on avait l'impression qu'ils ne pouvaient concevoir que le confort, la facilité, la tranquillité de vivre
dans tout le monde. Dans leurs mouvements et sur
leurs visages, on lisait une telle indifférence pour la
vie d'autrui et une telle assurance qu'on sentait immédiatement que le portier allait s'écarter en saluant,
qu'ils trouveraient à leur retour des chambres aux
lits confortables et propres, que tout cela fatalement
devait être ainsi, car ils y avaient droit. Je leur oppo-
sais alors, en pensée, le chanteur ambulant qui, fatigué, affamé et honteux, fuyait la foule moqueuse, je
compris alors le sentiment qui, comme une lourde
plaie, m'écrasait le cœur et je sentis une indicible
fureur contre ces riches Anglais.

Deux fois, je passai devant l'Anglais et à chaque
fois le heurtai du coude avec un plaisir extrême et,

descendant les marches, je courus à travers les ténèbres dans la direction de la ville.

Trois hommes ensemble me précédaient. Je leur
demandai s'ils n'avaient pas vu le chanteur; ils me le
désignèrent en riant.

Il marchait tout seul, à pas vifs, paraissant toujours
grommeler sourdement. Je le rejoignis et lui propo-
sai d'aller quelque part prendre un verre de vin.

Mécontent, il me toisa sans ralentir le pas, mais
ayant compris, il s'arrêta.

— Je ne refuserai pas, puisque vous avez cette
bonté, dit-il. Il y a ici un tout petit café, simplet,
ajouta-t-il, en désignant un débit encore ouvert.

Ce mot « simplet » me fit immédiatement songer
que je ne devais pas l'emmener dans ce petit café,
mais au Schweitzerhoff où se trouvaient ceux qui
l'avaient entendu chanter. Et, malgré son timide émoi,
se défendant de vouloir aller au Schweitzerhoff, endroit trop élégant, j'insistai. Alors, simulant la facilité
des manières, il fit pirouetter sa guitare et, tout en
sifflotant, m'accompagna au long du quai. Les quelques oisifs qui me virent parler au chanteur et écoutaient ce que nous disions, nous suivirent jusqu'à l'hôtel, attendant sans doute quelques nouvelles séréna-
des.

Dans le hall, j'avisai un maître d'hôtel et lui com-
mandai une bouteille de vin. Le maître d'hôtel nous
regarda en souriant et passa son chemin sans nous répondre. Le gérant à qui je m'adressai ensuite m'écouta
très gravement et, toisant des pieds à la tête mon timide
compagnon, ordonna d'une voix sévère au portier de
nous conduire dans la salle de gauche, débit destiné
au petit peuple.

Dans un coin de cette pièce, meublée seulement de
tables et de bancs de bois nu, une servante bossue la-
vait la vaisselle. Le garçon qui vint nous servir, en nous
considérant avec un sourire mi-bénin, mi-moqueur,
gardait ses mains aux poches et, tout en nous écoutant,
continuait à causer avec la plongeuse. Il cherchait
visiblement à nous faire comprendre que sa situation
sociale était infiniment supérieure à celle de mon hôte,
que non seulement il n'était pas offensé de nous servir,
mais encore que c'était pour lui une plaisanterie charmante.

— Vous voulez du vin ordinaire? dit-il d'un air
entendu, faisant un clin d'œil à mon compagnon.

— Du champagne et du meilleur, fis-je, cherchant
à prendre un air magnifique.

Mais ni le champagne, ni mon grand air n'eurent
d'action sur le valet. Il sourit en nous regardant; sans
se presser, sortit de sa poche une montre d'or, regarda
l'heure et tout doucement, comme en se promenant,
sortit de la pièce. Il revint bientôt, accompagné de
deux autres garçons qui s'assirent près de la plongeuse, prêtant gaiement leur attention, tout souriants,
à ce qu'ils considéraient comme un jeu. Ils étaient
comme des parents qui s'amusent de voir leurs enfants
jouer aimablement. Seule la servante bossue ne se
moquait pas et nous regardait avec compassion.

Bien qu'il me fût difficile et désagréable de causer
avec le chanteur et de le servir, sous le feu des yeux
des valets, je faisais de mon mieux pour trouver l'allure aisée.

Maintenant, à la lumière, je l'étudiais mieux. Il
était vraiment minuscule, presque un nain, mais cependant musclé et bien bâti. Ses cheveux noirs étaient

durs comme des soies, ses grands yeux noirs sans cils
semblaient toujours pleurer et sa bouche, très agréable, se courbait avec attendrissement. Il avait des
petites pattes sur les joues, ses cheveux n'étaient pas
trop longs, son costume était pauvre, fripé et avec son
teint brûlé par le soleil, il était bien plutôt un travail-
leur, un petit marchand ambulant, par exemple, qu'un
artiste. Seuls les yeux humides et brillants et sa bouche
petite lui accordaient un air original et touchant. On
aurait pu lui donner de 25 à 40 ans, en réalité il en
avait 38. Et voilà ce qu'il me conta avec un empresse-
ment très confiant et une franchise évidente.

Il venait d'Argovie. Il avait perdu très jeune père
et mère et n'avait plus ni parents, ni bien. Bien qu'il
eut appris le métier de menuisier, il ne pouvait y
travailler, car une atrophie des os de la main évoluant
depuis vingt ans l'en empêchait. Dès son enfance il
avait aimé le chant et les étrangers lui donnaient souvent quelque argent. Aussi avait-il songé à s'en tenir
à cette profession; il avait acheté une guitare et, depuis
dix-huit ans, il voyageait ainsi en Suisse et en Italie,
chantant devant les hôtels. Il m'avoua que tout son
bagage se composait de sa guitare et de sa bourse dans
laquelle il n'y avait qu'un franc cinquante avec lesquels il devait dormir et manger ce soir.

Tous les ans — c'est-à-dire déjà dix-huit fois —
il part et va dans tous les endroits les plus beaux et
les plus fréquentés de la Suisse : Zurich, Lucerne,
Interlaken, Chamonix, etc. Puis il pénètre en Italie
par le col du Saint-Bernard et revient par le Saint-
Gothard, ou par la Savoie. Maintenant, il commence
à être fatigué, car il sent que son mal augmente chaque
année et que ses yeux et sa voix deviennent de plus

en plus faibles. Malgré cela, il partira encore à Interlaken, à Aix-les-Bains et de là en Italie qu'il aimait
beaucoup.

En général, il semblait heureux de vivre. Comme
je lui demandais pourquoi il retournait à sa maison,
s'il y avait encore quelque attache, sa bouche se
plissa légèrement dans un sourire et il me répondit :

— ...*Oui, le sucre est bon et il est doux pour les
enfants*.

Ce disant, il regardait le groupe des valets. Je n'avais
rien compris, mais les valets s'esclaffèrent.

— Je n'ai rien, car si j'avais quelque chose, vous
ne me verriez pas courir ainsi. Mais si je retourne
chez moi, c'est qu'il y a toujours quelque chose qui
m'attire vers mon pays. Il refit son sourire malin et
très content répéta :

— *Oui, le sucre est bon...*

Son bon rire égaya les garçons qui, très heureux,
riaient aux éclats. Seule la petite bossue regardait de
ses grands bons yeux le petit homme, et comme il
avait laissé tomber sa casquette, elle la lui ramassa.

J'avais remarqué que les chanteurs ambulants, les
acrobates et les faiseurs de tours, aimaient le titre
d'artiste. Aussi, je ne cessais d'attirer l'attention de
mon compagnon sur cette qualité, mais lui ne se la
reconnaissait pas et simplement il considérait son
travail comme un moyen de vivre. Sur ma question :
savoir s'il était l'auteur des chansons qu'il chantait,
il répondit avec un étonnement visible en disant qu'il
en était incapable et que c'étaient de vieux airs tyroliens.

— Mais comment ? L'air du Rigi n'est pourtant pas
ancien ? m'écriai-je.

— Ah! celle-là, il n'y a que quinze ans qu'elle existe. Il y avait à Bâle un Allemand qui la composa. C'est une belle chanson! Il l'avait inventée pour les touristes, et il me récita la chanson traduite en français :

Si tu veux aller sur Rigi,
Jusqu'à Vegiss tu n'as pas besoin de son bras.
Puisqu'on y va sur bateau à vapeur.
Mais à Vegiss prends une grande canne
Et aussi une fille sous ton bras,
Et prends aussi un verre de vin,
Mais n'en bois pas trop.
Car celui qui veut boire,
Doit le gagner auparavant...

— Ah! la belle chanson!

Les valets l'avaient certainement trouvée très belle car ils s'approchèrent de nous.

— Qui donc a fait la musique? demandai-je.

— Personne... C'est pour chanter, vous savez... devant les étrangers... il faut toujours du nouveau...

Quand on nous apporta de la glace et que je lui versai une coupe de champagne, il se sentit visiblement gêné. Nous heurtâmes nos verres à la santé des artistes et lui qui se tournait sans cesse vers les valets, vida la moitié de sa coupe. Puis les sourcils froncés, il eut l'air de songer.

— Il y a longtemps que je n'ai bu un vin pareil. Je ne vous dis que cela. En Italie, il y a le vin d'Asti qui est très bon, mais celui-là est meilleur. Ah! l'Italie! qu'il fait bon y vivre! ajouta-t-il.

— On y sait apprécier la musique et les artistes.

dis-je. Je voulais le mener à son échec devant le Schweitzerhoff.

— Non, répondit-il. Ma musique ne peut plaire à personne. Les Italiens sont des musiciens comme il n'y en a pas au monde et moi je ne puis que chanter des airs tyroliens. Pour eux, c'est toujours une nouveauté.

— On y est certainement plus généreux qu'ici, continuai-je, voulant lui faire partager ma fureur contre les habitants du Schweitzerhoff. Ce qui est arrivé ici ne peut arriver là-bas. Que dans un immense hôtel où vivent des gens riches, cent hommes ayant entendu un artiste ne lui donnent rien.

Ma question eut un résultat opposé à celui que je présumais. Il n'avait même pas songé à leur en vouloir. Bien au contraire, dans ma remarque il vit comme un reproche pour son talent qui n'avait pas trouvé d'appréciateur. Aussi chercha-t-il à se justifier devant moi.

— Ce n'est pas chaque fois qu'on récolte, dit-il. Parfois la voix vous manque. Songez donc, je suis fatigué. J'ai marché neuf heures aujourd'hui et j'ai chanté presque toute la journée. C'est bien difficile, vous savez. Et ces messieurs les aristocrates ne veulent parfois pas écouter les airs tyroliens.

— Mais ne rien donner, c'est tout de même un peu fort.

Ma remarque resta incomprise.

— Ce n'est pas cela, dit-il. Ce qui est important ici, c'est qu'*on est très serré pour la police*. Voilà : d'après leurs lois républicaines, on ne peut chanter tandis qu'en Italie on peut le faire tant qu'on veut, pas âme ne vous dira mot. S'ils veulent bien vous autoriser, ils le font, mais parfois aussi, ils vous mettent en prison.

— Est-ce possible?

— Parfaitement. On vous fait une observation et si vous continuez de chanter on vous emprisonne. J'y ai fait déjà trois mois, dit-il en souriant, comme si c'était un des plus beaux souvenirs de sa vie.

— C'est terrible, m'écriai-je, mais pourquoi?

— Ah! cela, ce sont leurs nouvelles lois républicaines, poursuivit-il en s'animant. Ils ne veulent pas comprendre que le pauvre lui aussi est forcé de vivre n'importe comment. Si je n'étais pas infirme, je travaillerais. Et si je chante, mes chansons font-elles du mal à quelqu'un? Les riches peuvent vivre comme ils veulent et un pauvre tiaple comme moi, cela ne lui est même pas permis! Qu'est-ce que cette loi républicaine? Si cela est ainsi, nous ne voulons pas de république, n'est-ce pas, Monsieur? Nous ne voulons pas de la république, mais nous voulons... nous voulons simplement... et nous voulons...

Il s'arrêta un peu gêné.

...Nous voulons des lois naturelles.

J'emplis sa coupe.

— Vous ne buvez pas, lui dis-je.

Il prit le verre et me saluant :

— Ah! je sais ce que vous voulez, dit-il en clignant de l'œil et en me menaçant de son doigt. Vous voulez me faire boire pour voir ensuite ce que je vais devenir, mais cela ne vous réussira pas.

— Pourquoi voulez-vous que je vous enivre? Je voulais simplement vous faire plaisir.

Il lui fut sans doute pénible de m'avoir offensé en

interprétant mal mon intention, car un peu gêné, il
se leva et me serra le coude.

— Non, non, dit-il, et le regard suppliant de ses
yeux humides se posa sur moi. Je n'ai voulu que
plaisanter.

Après quoi, il prononça une phrase extrêmement
embrouillée qui, dans son idée, devait indiquer que
j'étais tout de même un bon garçon.

Et il conclut :

— *Je ne vous dis que ça.*

C'est de cette manière que nous continuâmes à boire
et à causer, tandis que les valets nous regardaient tout
en se moquant de nous. Je ne pus ne pas m'en apercevoir. Aussi ma colère monta-t-elle à son comble quand
l'un d'eux s'approchant soudain du chanteur le fixa
en souriant.

J'avais déjà une ample provision de colère contre
les touristes du Schweitzerhoff que je n'avais pu
déverser sur personne, et, je l'avoue, ce public de
laquais commençait à m'énerver sérieusement.

Une circonstance inattendue vint encore précipiter
le dénouement : sans ôter sa casquette, le portier entra
dans la salle et les coudes sur la table s'assit à côté
de moi. Mon orgueil et mon amour-propre offensés
éclatèrent et donnèrent libre cours à la colère qui
s'était amassée pendant toute la soirée.

— Comment cela est-il possible que devant la
porte il me salue jusqu'à terre, alors que, me voyant
assis devant le pauvre chanteur, il s'assied grossièrement à mes côtés?

J'étais dominé par cette bouillante indignation que
j'aime en moi et que je me plais parfois à provoquer,
car elle agit sur moi comme un calmant tout en

m'accordant pour quelque temps l'énergie, la force et la souplesse de toutes mes qualités physiques et morales.

Je me dressai d'un coup.

— Pourquoi riez-vous? criai-je au garçon, en sentant pâlir mon visage et trembler mes lèvres.

— Je ne ris pas, répondit le valet en s'écartant de moi.

— Vous vous moquez de ce monsieur. De quel droit êtes-vous tous ici et assis devant des clients? Je vous défends de rester assis, hurlai-je.

Le portier grogna, se leva et partit vers la porte.

— Quel droit avez-vous de vous moquer de ce monsieur, de vous asseoir auprès de lui quand lui est mon hôte et vous le valet. Pourquoi ne vous moquez-vous pas de moi en me servant au dîner et ne vous êtes-vous pas assis à mes côtés? N'est-ce pas à cause de ses pauvres habits et parce qu'il est forcé de chanter dans les rues? Tandis que moi, je suis richement habillé? Lui est pauvre, mais vous vaut mille fois, car, j'en suis persuadé, il n'a jamais offensé personne; tandis que vous, vous l'offensez.

— Mais je ne fais rien, répondit timidement le domestique. Je ne l'empêche pas de rester assis.

Le valet ne comprenait pas et mon allemand était employé en pure perte. Le gros portier prit le parti du garçon; mais je lui tombai dessus avec tant de vivacité que, d'un geste désespéré de la main, il fit signe de ne pas me comprendre.

Je ne sais si la plongeuse bossue eut peur du scandale ou si elle partageait réellement mon opinion, mais se plaçant vivement entre moi et le portier, elle se

mit à le morigéner en m'approuvant et en me priant
de me calmer.

« *Der Herr hat recht, Sie haben recht* », répétait-
elle sans cesse. Quant au chanteur, il faisait une figure
pitoyable et sans comprendre ma colère, me priait de
partir avec lui au plus tôt. Mais mon désir d'épanche-
ment s'intensifiant, je ne voulais plus rien écouter. Je
me rappelai tout, la foule qui s'était moquée de lui
et ne lui avait rien donné, et pour rien au monde je
n'aurais voulu me calmer. Je crois même que si les
garçons et le portier n'eussent eu tant de servilité,
j'aurais été heureux de me colleter avec eux et même
de frapper avec ma canne l'inoffensive demoiselle anglaise. Si, à ce moment-là, j'avais été à Sébastopol,
c'est avec une joie indescriptible que je me serais lancé
dans la tranchée anglaise pour sabrer.

Je saisis la main du portier, l'empêchant de sortir,
et je lui demandai violemment :

— Pourquoi m'avez-vous amené avec ce monsieur
ici et non dans l'autre salle? Quel droit avez-vous de
décider que tel homme doit être dans telle salle? Tous
ceux qui paient doivent être traités à l'hôtel égale-
ment, non seulement dans votre République, mais dans
le monde entier. D'ailleurs, votre république de gâ-
teux me dégoûte! Voilà votre égalité! Vous n'auriez
pas osé amener ici vos Anglais, ces mêmes Anglais
qui, en écoutant pour rien ce monsieur lui ont volé
les quelques sous qu'il aurait dû gagner. Comment
avez-vous osé nous désigner cette salle?

— L'autre est fermée, répondit le portier.

— Non, m'écriai-je, ce n'est pas vrai, elle ne l'est
pas.

— Vous le savez mieux que moi?

— Je sais que vous êtes un menteur.

Le portier me tourna le dos en haussant les épaules.

— Que voulez-vous que je vous dise? fit-il.

— Il n'y a pas de « Que voulez-vous que je vous dise ». Conduisez-nous immédiatement dans l'autre salle.

Malgré les supplications du chanteur et les exhortations de la bonne, j'exigeai qu'on appelât le gérant et entraînai mon compagnon.

Le gérant, qui avait entendu la fureur de ma voix et qui vit ma figure courroucée, évita toute discussion et avec une politesse dédaigneuse me dit que je pouvais aller où je voulais. La preuve évidente du mensonge du portier ne put être faite, car ce dernier s'était éclipsé avant que nous fussions entrés dans la salle brillamment éclairée.

Derrière une table, un Anglais soupait en compagnie d'une dame. Le garçon eut beau nous désigner une table à part, j'empoignai mon chanteur tout loqueteux et nous nous assîmes à la table même de l'Anglais en ordonnant d'y apporter la bouteille commencée.

Les Anglais regardèrent d'abord avec étonnement le petit homme plus mort que vif. Puis, soudain furieux, ils se mirent à parler entre eux. La dame repoussa son assiette, dans le froufrou de sa robe de soie, se leva et tous deux disparurent.

A travers la porte vitrée, je voyais l'Anglais nous désigner au garçon en gesticulant. J'attendais avec joie le moment où on allait venir nous expulser, ce qui me permettrait de donner libre cours à toute ma fureur. Maintenant, je constate avec plaisir — quoi qu'à ce moment ce me fut très désagréable — qu'on nous laissa tranquille.

Le chanteur qui, auparavant, avait refusé de boire, termina hâtivement le contenu de la bouteille, comme s'il eût voulu sortir au plus tôt d'une pénible situation. Je crois cependant que c'est avec une véritable gratitude qu'il me remerciait de mon invitation. Ses yeux larmoyants devinrent encore plus humides et plus brillants. Il cherchait à être loquace et prononça une phrase des plus étranges et des plus embrouillées. Cependant elle me fut agréable. Il voulait dire que si chacun traitait comme moi les artistes, la vie deviendrait meilleure. Après quoi, il me souhaita beaucoup de bonheur et nous passâmes dans le hall. Là, tout le personnel était réuni : gérant, garçons, portier, celui-ci me sembla-t-il, en train de se plaindre de moi. Ils me considéraient tous comme un fou. Arrivé à leur hauteur, très ostensiblement et avec toute la déférence dont j'étais capable, j'enlevai mon chapeau, fis un long salut et serrai affectueusement la main mutilée du chanteur. Les garçons firent mine de ne pas nous voir. Un seul d'entre eux se permit un rire sardonique.

Quand le chanteur eut disparu dans les ténèbres après m'avoir salué de loin, je montai chez moi, désireux d'oublier dans le sommeil la colère enfantine qui m'avait envahie; mais me sentant trop énervé, je descendis dans la rue pour marcher un peu. Je dois avouer que j'avais un vague espoir de trouver une occasion de querelle avec le portier, les garçons, l'Anglais pour leur démontrer l'inhumanité et l'injustice dont ils avaient fait preuve à l'égard du pauvre diable. Mais, sauf le portier qui s'était détourné à ma vue, je ne rencontrai personne et je dus seul arpenter le quai.

— Le voilà l'étrange sort de la poésie, songeai-je un peu calmé. Tous l'aiment, la recherchent dans la vie. Mais personne ne reconnaît sa force, n'apprécie cette grande félicité du monde et ne remercie ceux qui la lui offrent. Demandez à n'importe lequel des hôtes du Schweitzerhoff quel est au monde le plus grand bonheur, chacun, prenant une expression sardonique, répondra : c'est l'argent.

« Peut-être cette idée ne vous plaît-elle pas et n'est pas conforme à vos idées élevées ? Mais que faire, si la vie humaine est ainsi faite que seul l'argent fait le bonheur. Je ne pourrai cependant pas empêcher mon esprit de voir la lumière, ajoutera-t-il.

« Pauvre est ton esprit, misérable est le bonheur que tu désires, toi qui ne sais même pas ce que tu veux... Pourquoi, vous tous, avez-vous quitté votre patrie, vos parents, vos occupations, vos affaires, pour vous réunir en cette petite ville suisse de Lucerne?

« Pourquoi, vous tous, avez-vous encombré les balcons pour écouter dans un silence respectueux le chant d'un petit mendiant? Et s'il avait voulu chanter encore vous l'auriez encore écouté en silence. Est-ce donc pour de l'argent qu'on vous a fait venir en ce lieu, en ce petit coin? Est-ce encore pour de l'argent que vous êtes restés debout et silencieux? Non. Ce qui vous a poussés à cela et ce qui, plus fort que tout, vous poussera éternellement, c'est ce besoin de poésie dont vous ne voulez pas convenir, mais que vous sentirez tant que quelque chose d'humain sera en vous. Le mot « poésie » vous semble ridicule et vous l'employez comme un reproche railleur. Vous n'ad-

mettez l'amour du « poétique » que chez les enfants
et les jeunes filles bébêtes. Pour vous, quelque chose
de positif. Mais ce sont les enfants qui voient saine-
ment la vie. Ils connaissent et aiment ce que devrait
aimer l'homme et ce qui lui procurerait le bonheur.

Mais vous que la vie a pervertis et pris dans son
tourbillon, vous vous moquez de ce que vous aimez
pour rechercher ce que vous haïssez et qui fait votre
malheur.

« Comment vous, fils ou enfants d'un peuple libre
et humanitaire, vous chrétiens ou seulement hommes,
avez-vous osé répondre par de froides railleries à
ce que ce malheureux vous a donné de pures joies?

« Il a travaillé, il vous a réjouis, il vous a priés
de lui donner, pour son travail, un peu de votre
surplus. Vous l'avez regardé avec un sourire glacé
comme un phénomène et dans votre foule d'hommes
riches et heureux, il ne s'en est pas trouvé un seul
qui lui eût jeté quelque pièce! Honteux il partit et la
foule idiote en riant offensait, non vous cruels, froids
et sans honneur, mais lui à qui vous avez volé la
joie qu'il vous a donnée. »

*Le 7 juillet 1857, à Lucerne, devant le Schweitzer-
hoff, habité par les gens les plus riches du monde, un
pauvre chanteur ambulant a chanté pendant une
demi-heure en jouant sur sa guitare. Une centaine de
personnes l'ont écouté. Par trois fois, le chanteur pria
qu'on lui donnât quelque chose. Mais nul ne mit la
main à la poche et nombreux furent ceux qui le tour-
nèrent en dérision.*

Ce n'est pas une imagination, c'est un fait que chacun peut trouver dans les journaux de l'époque. On peut même y trouver les noms des étrangers qui, le 7 juillet, habitaient l'hôtel. Et voilà l'événement que les historiens de notre époque doivent inscrire en lettres de feu. Ce fait est plus important et comporte plus de sens que les événements enregistrés quotidiennement dans les journaux et la chronique.

Que les Anglais aient tué mille Chinois parce que ceux-ci n'achètent pas argent comptant leur marchandise, que les Français aient tué mille Kabyles pour que le blé pousse bien en Afrique du Nord et qu'il est bon d'entretenir l'esprit militaire, que l'ambassadeur de Turquie à Naples ne puisse pas être Juif, que l'empereur Napoléon III se promène à Plombières et assure à son peuple, par la presse, qu'il ne gouverne que par la volonté nationale, tout cela ne sont que des mots qui cachent ou dévoilent des choses connues. Mais l'événement du 7 juillet à Lucerne, me semble nouveau, étrange et en rapport non avec l'éternelle précision de l'évolution sociale. Ce fait n'est pas destiné à l'histoire des actes humains, mais à l'histoire du progrès et de la civilisation.

Pourquoi ce fait inhumain, impossible en n'importe quel village d'Allemagne, de France ou d'Italie, était-il possible ici où la civilisation, la liberté et l'égalité arrivent à leur point culminant et où s'assemblent les touristes les plus cultivés des nations les plus civilisées.

Pourquoi ces hommes cultivés, humanitaires, capables d'honnêtes sentiments n'ont-ils pas, réunis, un mouvement de cœur quand il s'agit d'un acte de bonté individuelle?

Pourquoi les mêmes qui, confinés dans leurs pa

lais, dans leurs meetings, dans leurs clubs s'occupent-ils chaleureusement de l'état des célibataires chinois, du développement du christianisme africain, de la fondation des sociétés favorisant le mieux-être de l'humanité, et pourquoi ne trouvent-ils pas en leur âme ce sentiment si simple et primitif qui rapproche l'homme de l'homme?

Lequel des deux est donc l'homme et lequel est le barbare? Est-ce le lord, qui voyant l'habit usagé du chanteur, quitta la table avec colère sans lui donner pour son travail la millionième partie de son revenu et qui, assis dans sa chambre, resplendissante et calme, juge les affaires de Chine et justifie les meurtres qui s'y commettent, ou le petit chanteur qui, un franc en poche, sans avoir jamais fait de mal à personne, risque la prison et court par monts et par vaux pour consoler avec son chant et qui, humilié, fatigué, affamé, est maintenant allé dormir sur une paille malpropre.

C'est à ce moment que, dans le silence de la ville, j'entendis le son de la guitare du petit homme.

Une voix en moi me disait : Tu n'as pas le droit de la plaindre ni de t'indigner contre la richesse du lord. Qui donc a pesé le bonheur intérieur de chacun des êtres? Il est assis là-bas sur un seuil quelconque et regardant le ciel lunaire il chante joyeusement dans la nuit douce et parfumée. Nul reproche, nulle colère, nul remords n'ont de place en son âme. Mais que se passe-t-il, en revanche, dans l'âme des hommes qui se cachent derrière ces murs lourds et épais? Qui sait s'ils ont en eux autant d'insouciance et de joie de vivre et de concordance avec l'univers qu'il n'y a dans l'âme de ce petit homme? La sagesse est infinie de Celui qui a permis et ordonné l'existence de toutes ces contradictions. A toi seul, humble ver de terre, à toi seul qui, dans ta témérité, ose vouloir pénétrer ses lois et ses intentions, à toi seul elles semblent contradictoires. Dans sa mansuétude infinie, il regarde de ses sereines hauteurs, et se délecte de cette harmonie où vous vous agitez en sens opposés et où vous croyez voir des contradictions. Ton orgueil fut cause que tu voulus te soustraire à la loi commune. Non, toi-même avec ta petite et banale indignation contre les valets, toi aussi tu as répondu aux besoins de l'harmonie éternelle et infinie...

L'EVASION

L'EVASION

Au printemps de 1830, le jeune Joseph Migourski, fils d'un ami défunt, vint en visite dans la propriété des Iatcheski à Rojanka. Iatcheski était un vieillard de 65 ans à la poitrine large, aux longues moustaches blanches barrant un visage de couleur rouge brique. C'était un patriote du temps du second partage de la Pologne : jeune homme, il avait servi avec Migourski père sous les drapeaux de Kosciuszko. De toutes les forces de son âme de patriote, il détestait Catherine II, « la débauchée apocalyptique », comme il l'appelait, et son amant, l'abject traître Poniatowski. Il croyait à la reconstitution de la Pologne comme il croyait, la nuit, au lever du soleil. En l'an 1812, il avait commandé un régiment dans l'armée de Napoléon qu'il adorait. La chute de celui-ci l'avait accablé, mais il ne perdait pas espoir de voir la renaissance d'un royaume de Pologne, sinon entier, tout au moins mutilé. L'ouverture du parlement de Varsovie par Alexandre Ier raviva ses espoirs, mais la Sainte Alliance, et la réaction qu'elle imposa à l'Europe, la bêtise de Constantin, reculaient la réalisation de son désir sacré.

En 1825, il était allé habiter à la campagne où il
employait son temps à l'agriculture, à la chasse, à
la lecture, aux lettres qui le mettaient au courant des
affaires politiques de sa patrie bien-aimée. Il s'était
remarié avec une pauvre et belle jeune fille de petite
noblesse et ce mariage était très malheureux. Il n'aimait pas et ne respectait pas sa seconde femme qui
semblait lui être à charge et sa façon de la traiter
était fâcheuse. On eût dit qu'il la rendait responsable
de la faute qu'il avait commise en se mariant une
seconde fois.

Du second mariage, il n'avait pas d'enfant, tandis qu'il en avait deux du premier : l'aînée, Wanda,
beauté hautaine et fière d'être belle et qui s'ennuyait
à la campagne, et la jeune Albine, favorite du père,
fillette maigriote aux cheveux clairs et aux grands
yeux gris et brillants.

Albine avait quinze ans quand Joseph Migourski
vint à Rojanka. Au temps où il était étudiant, il était
déjà venu chez les Iatcheski, alors que ceux-ci habitaient Wilna pendant l'hiver. Il avait fait la cour à
Wanda. Maintenant grand et libre, c'était la première
fois qu'il venait les voir à la campagne et sa visite
était particulièrement agréable à tous.

Le vieillard l'aimait parce qu'il lui rappelait son
ancien ami tel qu'il était alors que tous deux étaient
jeunes. Il l'aimait aussi parce que le jeune homme
parlait avec ardeur de son bel espoir d'émancipation
qui se développait, non seulement en Pologne, mais
aussi à l'étranger.

Mme Iatcheska appréciait cette visite par la tranquillité relative qu'elle lui procurerait, le vieillard
n'osant pas devant le monde la réprimander à toute

occasion. Wanda était certaine que Migourski était
venu pour elle et se déciderait à lui demander sa
main. Elle était toute disposée à la lui accorder, tout
en lui tenant la dragée haute, pensait-elle. Albine était
heureuse parce que tout le monde était heureux.

Wanda n'était pas seule à croire que Migourski
était venu pour elle. Tout le monde à la maison, depuis le vieux Iatcheski jusqu'à la nourrice Louise, en
était convaincu sans le dire.

Et tous avaient raison. Migourski était venu pour
cela. Pourtant après huit jours de séjour à Rojanka, il
repartit agité et sans avoir fait sa demande. L'étonnement de tous était à son comble; mais seule Albine
en connaissait la raison, car elle savait être la cause
de ce singulier départ.

Pendant toute la durée du séjour de Migourski à
Rojanka, elle avait remarqué que le jeune homme ne
s'était guère plu qu'en sa société. Il l'avait traitée
en fillette, plaisantant et la taquinant. Mais son ins-
tinct de petite femme lui avait fait comprendre que
leurs relations n'étaient pas de grande personne à
enfant, mais bien d'homme à femme. Elle l'avait vu
dans son regard aimant et dans le bon sourire dont
il la saluait à son entrée dans la vaste pièce et dont
il la reconduisait lorsqu'elle la quittait. Elle ne s'en
rendait pas compte, mais tout cela la rendait très
gaie et, involontairement, elle faisait tout pour lui
plaire. Mais tout ce qu'elle faisait lui plaisait. Et
c'est avec une excitation particulière qu'elle accom-
plissait les plus petits actes quand il était présent.
Le jeune homme aimait à la voir courir avec le beau
lévrier qui sautait auprès d'elle et léchait son visage
rayonnant. Il aimait la voir rire d'un rire contagieux.

Il aimait voir ses yeux devenus sérieux quand elle écoutait l'ennuyeux sermon du curé. Et aussi, quand avec une étonnante fidélité, elle imitait tantôt la vieille nourrice, tantôt le voisin ivre, tantôt lui-même, passant en un instant d'une figure à l'autre.

Mais au-dessus de tout Migourski appréciait son exubérante joie de vivre. C'était comme si elle venait d'apprendre toutes les beautés de la vie et cherchait à en jouir le plus tôt possible. Cette joie de vivre lui plaisait à lui; et elle, elle s'enchantait de cette joie de vivre parce qu'elle sentait que la joie de vivre plaisait au jeune homme.

Et c'est pour cela qu'Albine seule savait pourquoi Migourski n'avait pas demandé la main de Wanda.

Bien que ne le disant à personne, et ne se l'avouant pas à elle-même, au fond de son âme elle savait qu'il avait voulu aimer sa sœur et n'était arrivé qu'à l'aimer elle-même, Albine. Elle s'en étonnait, car elle se considérait comme inexistante auprès de sa sœur Wanda, belle, instruite et intelligente. Mais elle ne pouvait s'empêcher de s'en réjouir, car de toutes ses forces, elle s'était mise à aimer Migourski, à l'aimer comme on n'aime qu'une fois — la première — dans toute la vie.

II

A la fin de l'été, les journaux firent connaître la
révolution de Paris. Peu après vinrent des nouvelles
sur les désordres qui se préparaient à Varsovie. A
chaque courrier, Iatcheski attendait avec espoir et
anxiété la nouvelle de l'assassinat du grand-duc Constantin et le commencement de la révolution. Enfin
en novembre, on apprit à Rojanka l'assaut du Belvé-
dère et la fuite de Constantin Pavlovitch. Puis on
apprit que le parlement avait décrété la déchéance
des droits des Romanoff à la couronne de Pologne,
la dictature de Chlopiski et la libération du peuple
polonais. La guerre n'avait pas encore atteint Rojanka, mais ses habitants suivaient son développement
et se préparaient à se joindre au mouvement.

Le vieux Iatcheski entretenait une grande correspondance avec un de ses vieux amis, un des chefs
de l'insurrection, recevait des Juifs mystérieux, non
pour affaires domestiques, mais révolutionnaires et
s'apprêtait à se mêler au mouvement au plus tôt.
Quant à sa femme, elle s'occupait plus qu'à l'ordinaire de l'entourer de soins, ce qui l'exaspérait de
plus en plus. La belle Wanda envoya ses diamants à
une amie de Varsovie au profit du Comité. Albine
s'intéressait uniquement aux faits et gestes de Migourski. Elle avait su par son père qu'il faisait partie

de la brigade de Dvornitzki et elle ne s'intéressait qu'à cette formation. Il avait écrit deux fois. La première, il disait avoir pris du service. La seconde lettre, milieu de février 1831, était pleine d'enthousiasme et parlait de la victoire de Stotchek où un escadron de Cracovie avait pris six canons et fait des prisonniers.

« La victoire des Polonais et la défaite des Moscovites! Vivat! » disait-il à la fin de sa lettre.

Albine vivait dans l'enchantement. Elle étudiait la carte, supposait le point où les Moscovites seraient définitivement écrasés, tremblait et pâlissait quand son père décachetait lentement les paquets venus de la poste.

Un jour, la belle-mère, en entrant dans sa chambre, la trouva devant sa glace vêtue d'habits militaires et coiffée du bonnet carré des fédérés. Elle s'apprêtait à fuir la maison pour s'engager dans l'armée polonaise. La belle-mère ayant répété cela au père, il appela sa fille et dissimulant son admiration lui fit de sévères remontrances en exigeant qu'elle oubliât ces projets stupides.

— Les femmes ont d'autres devoirs, dit-il. Aimer et consoler ceux qui se dévouent pour la Patrie.

Maintenant, elle lui était nécessaire, car elle faisait sa joie et sa consolation; mais un jour viendrait où elle serait nécessaire à son mari. Sachant ce qui devait la toucher, il se dit seul et malheureux.

Albine se serra contre lui, le visage en larmes qu'elle cherchait à dissimuler et qui, malgré tout, vinrent mouiller la robe de son père et elle promit de ne rien entreprendre désormais sans son approbation.

III

Seuls les hommes qui ont éprouvé ce qu'ont éprouvé les Polonais après le premier partage de leur pays, la soumission d'une de ses parties aux Allemands détestés et d'une autre partie aux Moscovites encore plus haïs, pourront comprendre l'enthousiasme que ressentaient les Polonais en 1830 et 31 lorsque après les premières tentatives de libération un nouvel espoir parut réalisable. Cet espoir fut cependant éphémère : les forces en présence étaient loin d'être égales et la révolution fut vite écrasée. A nouveau des dizaines de milliers de Russes obéissants et passifs furent poussés vers la Pologne sous le commandement de Diebitch, de Paskievitch et du haut ordonnateur, Nicolas Ier. Ne sachant ce qu'ils faisaient, ils abreuvèrent la terre de leur sang et de celui de leurs frères polonais qu'ils écrasèrent sous leurs masses, les rejetant de nouveau sous le joug des des nullités et des faibles qui ne désiraient ni la liberté, ni l'anéantissement de la Pologne, mais qui ne voyaient qu'une chose : la satisfaction de leur cupidité et de leur puérile vanité.

Varsovie fut prise. Des détachements séparés furent entièrement détruits. Des milliers d'hommes furent fusillés, moururent sous le bâton ou furent exi-

lés. Au nombre des exilés se trouvait le jeune Migourski. Son bien avait été confisqué et lui-même
envoyé comme simple soldat dans un bataillon de
ligne à Oural.

Les Iatcheski vécurent l'hiver de 1832 à Vilna.
C'était pour la santé du vieillard qui depuis 1831
souffrait d'une maladie de cœur. C'est là que les
touchèrent la lettre que Migourski écrivit de la forte-
resse où il se trouvait. Il écrivait que, malgré les
maux déjà supportés et ceux qui l'attendaient encore,
il était heureux de souffrir pour la patrie; qu'il ne
perdait pas courage pour la cause sacrée à laquelle
il avait consacré jusque-là sa vie et pour laquelle il
donnerait ce qui lui restait à vivre si demain sur-
gissait une possibilité de la faire.

En lisant cette lettre à haute voix, le vieillard,
arrivé à ce passage, se mit à sangloter et ne put continuer. La lecture fut reprise par Wanda. Migourski
écrivait que quels qu'aient pu être ses projets et ses
rêves lors de son dernier séjour à Rojanka, ç'avait
été là le plus beau moment de sa vie. Il ne pouvait
et ne voulait actuellement parler de ses intentions de
jadis.

Wanda et Albine comprirent chacune à leur façon
cette dernière phrase, mais n'en parlèrent à personne.
En terminant cette lettre, le jeune homme envoyait
ses vœux à tous. Et s'adressant à Albine, il employait
le même ton taquin de naguère, lui demandant si elle
courait toujours aussi vite, rivalisant avec le lévrier
et si elle mimait toujours ceux de l'entourage. Il sou-
haitait bonne santé au vieillard et à Mme Iatcheski,
un bon époux à Wanda et la même joie de vivre à
Albine.

IV

La santé du vieillard déclinait de plus en plus et en 1833 toute la famille partit pour l'étranger. A Baden, Wanda rencontra un riche émigré polonais qu'elle épousa. La maladie s'aggrava définitivement et le vieux gentilhomme mourut au début de 1834 dans les bras d'Albine. Il n'avait pas permis à sa femme de le soigner et jusqu'au dernier moment, n'avait pu lui pardonner la faute de l'avoir épousée.

Mme Iatcheski retourna dans leur domaine emmenant Albine dont le seul intérêt dans la vie était Migourski.

A ses yeux le jeune homme était le plus grand des héros et des martyrs. Elle avait décidé de consacrer sa vie à le servir. La correspondance entre eux avait commencé dès le départ de la famille pour l'étranger. Elle avait d'abord écrit sur ordre de son père et avait continué d'elle-même.

A son retour en Russie, leur correspondance se poursuivit et lorsqu'elle eut dix-huit ans, elle annonça à sa belle-mère qu'elle avait décidé de partir à Oural pour y épouser Migourski.

Mme Iatcheski commença par reprocher à Migourski

cet égoïsme qui, pour améliorer sa condition, attirait une jeune fille riche et l'obligeait à partager son malheur. Albine entra en grande fureur et répondit à sa belle-mère qu'elle était la seule qui osât prêter des pensées aussi lâches à un homme qui avait tout sacrifié pour sa patrie; que bien au contraire Migourski avait refusé toute offre de sa part et que sa volonté était bien arrêtée de partir pour l'épouser, si toutefois il voulait bien lui faire ce grand honneur.

Albine était majeure, avait son argent à elle, les trois cent mille zlotis qu'un oncle avait laissés à ses deux nièces. Aussi rien ne pouvait la retenir.

En novembre 1834, Albine fit ses adieux à tous ses familiers qui la conduisirent les larmes aux yeux comme si elle devait mourir dans la lointaine et barbare Moscovie. Elle monta dans la vieille voiture paternelle qu'on avait disposée pour le grand voyage, en compagnie de sa fidèle nourrice Louise.

V

Migourski ne vivait pas à la caserne, mais dans un logement en ville. Nicolas 1ᵉʳ avait ordonné que tous les Polonais qu'on avait condamnés à la dégradation supportassent, non seulement toutes les misères de la vie militaire, mais encore toutes les humiliations et tout l'avilissement auxquels étaient soumis les troupiers de cette époque. Mais la majorité de ces gens simples qui avaient comme obligation d'exécuter les ordres de l'Empereur, comprenaient la douleur de tous ces exilés et malgré le danger auquel eux-mêmes s'exposaient, s'efforçaient d'en atténuer la dureté. Le chef de bataillon de Migourski, illettré et sorti du rang, comprenait très bien la situation de ce jeune homme jadis riche et instruit. Il le plaignait, le respectait et cherchait à adoucir son sort. Quant à Migourski, il ne pouvait ne pas apprécier la bonté de son commandant à favoris blancs dans son visage fruste de soldat et pour le remercier, il avait consenti à donner des leçons de français et de mathématiques à ses fils qui se préparaient à l'école des Cadets.

La vie de Migourski à Oural n'était pas seulement monotone et ennuyeuse, mais pénible. A part le chef de bataillon, dont il préférait se tenir éloigné, il n'avait aucune connaissance. La principale difficulté de cette vie était de s'habituer à la misère. Après la confiscation de son bien, il n'avait plus de moyens matériels et il devait vivre sur la vente des quelques bijoux qui lui restaient.

Son seul et unique plaisir depuis son exil était la correspondance avec Albine et la douce et poétique vision de cette époque où il avait été à Rojanka. Au fur et à mesure de l'éloignement, cette vision s'embellissait encore.

Dans une de ses premières lettres, elle lui avait demandé ce que signifiait ce passage : « quels qu'avaient pu être ses projets et ses rêves ». Il lui répondit que maintenant seulement il pouvait avouer que son rêve avait été de faire d'elle sa femme.

« Je vous aime » avait été la réplique d'Albine.

« Il eut mieux valu ne pas écrire cela, avait-il répondu. Car il était trop dur, maintenant que tout était impossible, d'y songer. »

La lettre d'Albine ne se fit pas attendre dans laquelle elle disait que le mariage était non seulement possible, mais se ferait certainement.

— Je ne puis accepter ce sacrifice dans ma situation actuelle, écrivait-il.

En réponse à cette dernière lettre, il reçut un mandat de deux milles zlotis. Au cachet, il reconnut que c'était un envoi d'Albine et il se souvint que dans une des premières lettres il lui avait écrit en plaisantant le plaisir qu'il avait maintenant à gagner avec ses leçons le peu d'argent nécessaire pour son thé, son tabac et ses livres.

Remettant alors le mandat dans une autre enveloppe, il le lui renvoya en la priant de ne point gâter leurs relations par de tels envois.

« Je ne manque de rien, écrivait-il, et je suis très heureux d'avoir une amie telle que vous. »

Là s'était arrêtée leur correspondance.

Un jour de novembre, Migourski était assis dans le salon de son chef de bataillon en train de donner sa leçon aux deux garçons quand il entendit le carillon des clochettes de la poste. Les patins du traîneau craquèrent sur la neige gelée et tous ces bruits s'arrêtèrent devant le perron. Les enfants coururent pour savoir qui arrivait et Migourski, resté dans la chambre, regardait la porte en attendant leur retour.

La femme du commandant parut.

— C'est pour vous, monsieur, dit-elle. Deux dames vous demandent. Il se peut qu'elles viennent de votre pays, car elles semblent Polonaises.

Si l'on avait demandé à Migourski son avis sur la possibilité de l'arrivée d'Albine à Oural, il aurait répondu qu'une telle question était inadmissible. Mais au fond de son âme il l'attendait. Le sang au visage, il se dressa et courut vers l'antichambre. Là il vit une grosse femme, à figure grêlée qui se débarrassait d'un fichu. Une autre entrait dans la chambre de la commandante et, entendant des pas derrière elle, se retourna. Sous la capeline, des yeux débordants de joie de vivre brillaient sous les longs cils.

Stupéfait, il s'arrêta sans savoir comment la saluer.

— José, cria-t-elle, l'appelant comme l'appelait jadis son défunt père et comme elle-même avait pris l'habitude de l'appeler dans ses rêves.

Puis, entourant de ses bras le cou de celui qu'elle aimait, elle pressa contre sa poitrine son visage froid et tout rose, riant et pleurant tout ensemble.

La bonne commandante ayant appris qui était Albine et pourquoi elle était venue, la reçut chez elle jusqu'à son mariage.

VI

Le commandant fit des démarches afin d'avoir l'autorisation officielle pour le mariage. Venu d'Orenbourg, un prêtre catholique maria les Migourski. La femme de son protecteur, ainsi que Bjozowski, un Polonais exilé, furent témoins.

Albine, aussi étrange que cela puisse paraître, aimait passionnément son mari dont elle faisait pourtant seulement connaissance. Il était naturel qu'elle trouvât dans la réalité du mariage bien des choses moins poétiques qu'elle n'avait supposé. Mais en revanche, parce que c'était un homme bien réel et bien vivant, elle trouva en lui bien des choses simples et bonnes qu'elle n'aurait pas imaginées. Les amis d'Albine lui avaient bien parlé de sa bravoure pendant la guerre et de sa vaillance lorsqu'il eut perdu la liberté et la fortune. Elle se l'était toujours figuré comme vivant sa vie hautaine de héros. Mais, en réalité, malgré sa force physique extraordinaire et sa bravoure, il ne lui était apparu que comme un simple et bon agneau, un homme tranquille avec un sourire d'enfant sur une bouche vermeille, le visage encadré de cette barbe blonde qui avait déjà séduit Albine à Rojanka. Il était toujours le même et seule une courte pipe qui ne s'éteignait jamais était nouvelle pour la jeune femme et la gêna beaucoup, surtout au moment de sa grossesse.

Quant à Migourski, maintenant seulement il connaissait Albine et pour la première fois la femme se révélait à lui. Car il ne pouvait juger d'après celles qu'il avait connues avant son mariage. Ce qu'il avait découvert en elle, comme dans les femmes en général, l'avait étonné et l'aurait pu désenchanter s'il n'avait pas trouvé en lui un sentiment de tendresse et de reconnaissance. Pour Albine, comme pour la femme en général, il avait un sentiment de condescendance un peu ironique, mais pour la personnalité d'Albine il ressentait non seulement un amour très tendre, mais une sorte de ravissement et la conscience d'une dette de reconnaissance pour le sacrifice fait qui lui donnait un bonheur immérité, disait-il.

Ainsi l'amour les rendait heureux. Vivant l'un pour l'autre, ils éprouvaient, parmi les étrangers, le sentiment qu'éprouvent deux êtres égarés en plein hiver et qui naturellement se réchauffent. La vieille nourrice Louise, qui avait un dévouement d'esclave pour sa jeune maîtresse, contribuait encore à l'heureuse vie de Migourski. C'était une bonne vieille, qui ronchonnait toujours et qui, inconsciente de son ridicule, tombait amoureuse de tous les hommes.

Les enfants aussi faisaient leur bonheur. Car un an après leur mariage, ils avaient eu un petit garçon; puis au bout de deux ans et demi, une petite fille. Celui-ci était le véritable portrait de sa mère dont il avait la grâce et la vivacité; celle-là une jolie petite bête bien portante.

Dans ce tableau de bonheur, il y avait cependant des points noirs. Ils souffraient surtout de l'éloignement de la patrie et de l'humilité de leur situation. C'est Albine qui en pâtissait le plus. Lui, son José, son héros, l'homme idéal, devait rectifier la position devant n'importe quel officier, devait faire un maniement d'arme, monter des factions, obéir sans murmurer!

En outre, les nouvelles de Pologne étaient de plus
en plus fâcheuses. Presque tous leurs proches, leurs
parents, leurs amis avaient été exilés, ou, privés de
leurs biens, s'étaient enfuis à l'étranger. Et pour les
Migourski eux-mêmes, aucun changement de situation
n'était à prévoir, car toutes les tentatives d'amnistie
ou seulement d'avancement avaient été vaines. Nico-
las Ier passait des revues, faisait faire des exercices,
des manœuvres, donnait des bals masqués où il flirtait,
courait sans but la poste de Tchougouieff à Novoros-
sisk et de Pétersbourg à Moscou, effrayant le peuple
et crevant des chevaux. Mais quand un homme témé-
raire faisait un rapport essayant d'améliorer le sort
des décembristes qui souffraient de cet amour de la
patrie que lui-même glorifiait, il bombait sa poitrine,
arrêtait sur n'importe qui le regard de ses yeux de
fer et disait : « Qu'il serve, il est trop tôt », comme
s'il eût su quand il serait temps.

Et tous ses proches, les généraux, les chambellans
et leurs femmes, qui vivaient et se nourrissaient autour
de lui, s'attendrissaient devant la sagesse et la sagacité
du grand homme. Cependant, il y avait plus de
bonheur que de malheur dans la vie de Migourski.

Ils vécurent ainsi cinq ans. Quand soudain une douleur inattendue et terrible vint s'abattre sur eux. La
petite fille tomba malade et deux jours après, c'était
le tour du petit garçon. Il brûla de fièvre trois jours
et mourut le quatrième sans le secours d'un médecin
introuvable. Et deux jours après ce fut le tour de la
petite fille.

Si Albine ne s'était pas noyée dans l'Oural, c'est
qu'elle ne songeait pas sans horreur à la douleur
qu'elle causerait à son mari.

Mais la vie lui devint très lourde. Jadis si active, elle restait maintenant des heures entières sans rien faire, les yeux vagues, laissant tout aux soins de Louise. Par moments, elle tressaillait et s'enfermait dans sa chambre où, sans répondre à aucune consolation, elle pleurait doucement, demandant à tous de la laisser seule.

L'été, elle allait sur la tombe de ses enfants et restait assise, le cœur déchiré par le souvenir de ce qui avait été et de ce qui aurait pu être. La seule pensée que les enfants auraient été sauvés s'ils avaient habité une ville où l'on aurait pu trouver un médecin, la torturait.

— Pourquoi tout cela, pourquoi? songeait-elle. Ni José ni moi, nous ne demandons rien à personne. Lui voudrait vivre comme il naquit et comme ont vécu ses parents et ses arrière-grands-parents et moi à ses côtés uniquement pour l'aimer et pour élever mes enfants.

— Et voilà qu'on l'exile, qu'on le torture et à moi on me prend ce qui m'est plus cher que la vie, pourquoi tout cela?

Elle posait cette question à Dieu et aux hommes sans pouvoir imaginer la possibilité d'une réponse; et comme sans cette réponse il n'y avait pas de vie, sa vie s'était arrêtée.

Et la pauvre existence d'exilé qu'elle avait su embellir par son goût si féminin, devenait maintenant insupportable non seulement pour elle, mais pour Migourski qui souffrait pour elle et ne savait comment la réconforter.

Dans ces moments si durs pour les Migourski arriva à Oural le Polonais Rossolowski, compromis dans un immense plan d'émeute et d'évasion que le prêtre polonais Sirotzinski, exilé, avait fomenté en Sibérie.

Ainsi que Migourski et des milliers d'hommes punis pour cet unique désir d'avoir voulu rester Polonais, Rossolowski était mêlé à cette affaire, bâtonné et incorporé comme simple soldat dans le même bataillon que Migourski. Ancien professeur de mathématiques, c'était un homme long, voûté, au front plissé.

A sa première visite chez les Migourski, le soir près de la table de thé, de sa voix lente et tranquille, il conta les péripéties atroces de l'affaire dans laquelle il avait si cruellement souffert.

Une société secrète avait été organisée en Sibérie. Le but était de réunir tous les Polonais exilés et incorporés dans les régiments de ligne et de cosaques et, par leur action, de semer la révolte parmi les soldats et les forçats, de soulever les relégués, et, s'étant emparés de l'artillerie à Omsk, de libérer tout le monde.

— Mais était-ce possible? demanda Migourski.

— Très possible et tout était prêt, dit Rossolowski s'assombrissant.

Lentement, il exposa le plan général et les mesures prises pour sa réussite; et en cas d'échec les mesures de salut pour les conjurés. Tout était prévu, tout était assuré et tout aurait réussi si deux traîtres ne s'étaient glissés dans leurs rangs.

— Sirotzinski, disait-il, était un homme de génie et d'une grande force morale. Il est mort en héros et en martyr.

Et de sa voix profonde et calme, il conta le martyre des chefs de la conjuration auquel il avait dû assister, par ordre des autorités, ainsi que tous ceux impliqués dans cette affaire.

Le premier qui passa entre les bâtons fut le Dr Chokalski. Il tomba inanimé. Puis ce fut un second, un troisième, un quatrième, les uns morts, les autres vivants à peine. L'exécution avait duré du matin à 2 heures après-midi. Et le dernier qui passa fut le prêtre Sirotzinski.

Il était méconnaissable. Il avait vieilli. Sa figure rasée avait pris une teinte verdâtre, son corps dénudé semblait jaune et ses côtes ressortaient au-dessus de l'abdomen. Il passa comme tous, tremblant à chaque coup, sans râle, mais disant à haute voix sa prière : *Misere mei Domine secundum magnam misericordiam tuam.*

— Je l'ai entendu moi-même, balbutia très vite Rossolowski en terminant.

Assise à sa fenêtre, Louise sanglota le mouchoir au visage.

— Pourquoi décrire tout cela. Ce sont des bêtes féroces, cria Migourski et lançant sa pipe dans un coin, entra précipitamment dans la chambre à coucher.

Albine restait assise comme pétrifiée, les yeux fixés dans un coin obscur.

VIII

Le lendemain, Migourski, en rentrant de l'exercice, fut saisi d'un joyeux étonnement en voyant sa femme venir au devant de lui et l'emmener dans la chambre, d'un pas léger comme jadis.

— Ecoute, José, dit-elle.

— J'écoute. Qu'y-a-t-il?

— Toute la nuit, j'ai songé au récit de Rossolowski et j'ai décidé que je ne pouvais plus vivre ici. Je ne peux pas. Je vais mourir, mais je ne resterai pas ici.

— Que faire, alors?

— S'en aller. Fuir.

— Fuir. Mais où?

— J'ai tout organisé. Ecoute.

Elle lui raconta le plan qu'elle avait conçu pendant la nuit. Lui, Migourski, allait sortir le soir au bord de l'Oural; il laisserait sa capote et une lettre dans laquelle il dirait avoir décidé de se tuer. On comprendrait qu'il s'était noyé. On chercherait, on ferait des rapports et pendant ce temps elle le cacherait si bien qu'il serait introuvable. On laisserait ainsi passer un mois et quand tout se calmerait, on pourrait fuir.

Ce projet parut d'abord inexécutable à Migourski.

Mais à la fin du jour, comme sa femme avait mis toute sa passion et toute son assurance pour le persuader, il se décida. Ce qui influença encore sa décision, c'est que, en cas d'échec, lui seul encourait la punition qu'avait décrite Rossolowski tandis que la réussite la libérait, elle, qu'il voyait tant souffrir après la mort de leurs enfants.

Rossolowski et Louise furent au courant du complot et après de longues conférences et des rectifications, le plan de l'évasion fut établi. Au début, il avait été entendu que Migourski, reconnu noyé, allait fuir seul et à pied. Quant à Albine, elle devait partir en voiture pour l'attendre à un endroit désigné d'avance. Tel avait été le plan primitif. Mais Rossolowski ayant conté toutes les évasions qui avaient échoué pendant les dernières cinq années en Sibérie, Albine en proposa un autre :

José, dissimulé dans l'équipage, allait voyager avec elle et Louise jusqu'à Saratoff. Arrivé dans cette ville, il partirait sous un déguisement à pied en longeant le Volga et, à un endroit convenu, il prendrait un bateau loué d'avance par Albine et qui l'amènerai à Astrakan. De là, à travers la Caspienne jusqu'en Perse.

Ce plan approuvé par tous ainsi que par Rossolowski, l'organisateur principal, présentait un seul inconvénient, la difficulté de trouver la place de cacher un homme dans la voiture sans provoquer la suspicion.

Quand, après avoir visité le tombeau de ses enfants, Albine dit à Rossolowski son désespoir de laisser à l'étranger les cendres de ses enfants, il réfléchit et dit :

— Demandez à l'administration d'emmener avec vous les cercueils de vos enfants.

— Non, je ne veux pas, et ne peux pas! s'écria-
t-elle.

— Demandez toujours, car c'est la planche de salut.
Nous ne prendrons pas les cercueils, mais nous ferons
faire une grande caisse et dans cette caisse nous met-
trons José.

Au premier moment, Albine avait refusé cette pro-
position : Elle ne voulait pas unir la fraude au souvenir de ses enfants. Mais Migourski ayant approuvé
ce projet, elle consentit.

C'est ainsi que fut arrêté le plan définitif. Migourski
allait faire tout ce qu'il fallait pour convaincre les
autorités de son suicide. Son décès reconnu, Albine
ferait une demande pour obtenir la permission de
retourner dans son pays en emmenant les cendres de
ses enfants. Cette autorisation obtenue, on ferait un
simulacre d'exhumation, mais après avoir laissé les
cercueils où ils se trouvaient, on mettrait Migourski
dans la caisse préparée pour ceux-ci. La voiture les
conduirait à Saratoff où ils prendraient le bateau; de
là, ils passeraient par la Caspienne en Perse ou en
Turquie, vers la liberté.

IX

Les Migourski avaient acheté une voiture sous le
prétexte de renvoyer Louise dans son pays. On s'occupa ensuite de la construction d'une caisse où l'on
pourrait rester couché dans une position supportable
et d'où l'on pourrait sortir sans être vu.

Albine, Rossolowski et Migourski avaient donné leur
avis sur la confection de cette caisse. L'aide de Rossolowski dans cette affaire était précieuse, car il était
bon menuisier. La caisse fut faite de telle façon que,
placée sur les ressorts de derrière, elle adhérait parfaitement au coffre de la voiture. La paroi de la
caisse, proche du coffre, s'ouvrait assez pour que
l'homme qui y était pût s'étendre en partie dans la
caisse, en partie dans le fond du coffre de la voiture.
En outre, des trous avaient été vrillés dans le couver-
cle; le tout était entouré de nattes et bouclé avec des
cordes.

La voiture et la caisse une fois prêtes, Albine s'était
arrangée pour prévenir les autorités. Elle était allée
chez le commandant, lui avait fait savoir que son
mari était atteint de mélancolie, qu'il avait tenté de
se tuer et, craignant pour lui, elle avait demandé une

permission. Son art de mimer lui avait beaucoup servi et son anxiété concernant son mari était si naturelle que le bon vieil homme, attendri, promit de faire tout ce qui était en son pouvoir. Après quoi, Migourski écrivit la lettre qu'on devrait retrouver dans sa capote et le soir du jour convenu, il alla vers l'Oural, attendit le crépuscule et ayant laissé sa capote sur la berge, il retourna furtivement chez lui. On lui avait préparé une place au grenier et la nuit Albine envoya Louise chez le commandant pour lui faire savoir que son mari, sorti depuis vingt heures, n'était pas encore rentré. Le matin, quand on lui eut apporté la lettre, elle courut avec une immense expression de douleur et tout en larmes, la porta au commandant.

Huit jours après, Albine fit une demande d'autorisation de départ et, sa douleur ayant frappé tout le monde, une compassion générale entoura et la mère et l'épouse. Quand cette permission fut accordée, elle demanda l'autorisation d'exhumer ses enfants et de les emporter avec elle. Les autorités, quoique étonnées par tant de sentimentalisme, ne refusèrent pourtant point.

Le lendemain, Rossolowski, Albine et Louise partirent au cimetière avec la caisse dans laquelle devaient être placées les bières des enfants. L'infortunée s'agenouilla devant les tombes, pria et, essuyant ses larmes, s'adressa à Rossolowski.

— Faites ce qu'il faut, moi, je ne puis pas le faire.

L'ami et Louise soulevèrent la pierre tombale et remuèrent la terre avec une pelle, pour que le tombeau semblât désormais vide.

Quand ce fut fait, on appela Albine et la caisse remplie de terre fut emmenée à la maison.

Enfin, le jour du départ arriva.

Rossolowski se réjouissait de la réussite de son plan. Louise, qui avait préparé pour la route des quantités de pâtés et de gâteaux, disait à tout instant que son cœur se brisait de joie et de crainte. Quant à Migourski, il était heureux de quitter son grenier où il était resté plus d'un mois, mais surtout de voir l'animation et la joie de vivre d'Albine. On eut dit qu'elle avait oublié tous ses malheurs et comme au temps de son adolescence, sa figure rayonnait de joie enthousiaste.

A trois heures du matin, le cosaque arriva conduisant la voiture et les trois chevaux. Albine, Louise et le petit chien s'assirent dans la voiture. Le cosaque et le cocher s'assirent sur le siège et Migourski, habillé en paysan, était étendu dans sa caisse.

On sortit de la ville et la bonne Troïka (1) emporta la voiture sur la route empierrée et plate au long de la steppe infinie et des regains de trèfle de l'an dernier.

---

(1) La troïka est un attelage de trois chevaux de front, le cheval du milieu portant au-dessus du col l'arc des brancards, généralement muni de clochettes. La troïka s'attelle à toutes sortes de véhicule.

X

Le cœur d'Albine s'arrêtait d'espoir et de joie, et
comme si elle eut voulu partager ses sentiments avec
Louise, elle lui désignait du regard tantôt le large
dos du cosaque, tantôt le fond du coffre. Louise, d'un
air confidentiel, ne cessait de regarder devant elle en
plissant de temps en temps ses lèvres.

La journée était claire. De tous côtés s'étendait la
steppe déserte et infinie, le trèfle argenté brillant sous
les rayons du soleil matinal. De temps en temps seulement, à gauche ou à droite de la route, sur laquelle
résonnaient les sabots non ferrés des vifs chevaux
bashkirs, on voyait les monticules bâtis par les zizels;
caché derrière, l'animal de garde avertissait du danger
en poussant un sifflement aigu et rentrait vivement
dans son trou. De temps en temps, on croisait des
voyageurs; tantôt c'était un convoi de cosaques portant
du froment, tantôt c'était un bashkir à cheval avec
lequel le cosaque échangeait vivement quelques mots
en tartare. A chaque relais, on amenait des chevaux
frais, bien nourris et les roubles de pourboire que
distribuait Albine pressaient l'allure des cochers qui
se glorifiaient de marcher comme un courrier d'Etat.

A la première station, quand le cocher détela les chevaux et que le nouveau attela les autres et que le cosaque fut entré dans la cour, Albine se pencha sur son mari et lui demanda comment il allait.

— Très bien, je n'ai besoin de rien. Je pourrai rester encore deux jours comme cela.

Le soir, on arriva dans le grand village de Dergatch. Pour que son mari pût prendre un peu de repos et se rafraîchir, Albine s'arrêta devant une auberge et envoya le cosaque chercher des œufs et du lait. La voiture était placée sous le hangar et Louise dans les ténèbres surveillait l'arrivée du cosaque. Albine fit sortir son mari, le fit manger et avant le retour du cosaque lui fit réintégrer sa cachette.

On envoya alors chercher des chevaux frais et on repartit. Le moral d'Albine, à chaque étape, était meilleur : elle ne pouvait plus retenir sa joie. Elle ne pouvait parler qu'avec le cosaque, Louise et le petit chien Trésor et elle s'en donnait à cœur joie. Quant à Louise, malgré son manque de beauté, elle voyait en chaque homme un admirateur. Cette fois aussi, elle supposa au bon cosaque de l'Oural qui les accompagnait des vues amoureuses. Cet homme aux yeux d'un bleu clair était assez agréable aux deux femmes par sa simplicité et sa bonne vivacité. Outre le petit Trésor à qui Albine défendait de renifler sous le siège, Albine s'amusait de la coquetterie comique que Louise déployait vis-à-vis du cosaque qui, sans y rien voir, souriait à tout ce qu'on lui disait.

La jeune femme, excitée par le danger, l'espoir de la réussite et l'air vivifiant de la steppe ressentait un enthousiasme et une joie enfantine oubliée depuis longtemps.

Migourski écoutait son babil joyeux et oubliant ses propres fatigues et la soif qui le torturait, se réjouissait de sa joie.

Au soir du second jour, quelque chose perça le brouillard, c'était Saratoff et la Volga. Les yeux du cosaque habitués à la steppe virent les mâts des bateaux et il les désigna à Louise. Mais Albine, qui ne pouvait encore rien voir, s'évertua à parler très haut pour se faire entendre de son mari.

— Saratoff, Volga, criait-elle, comme si elle eut parlé à Trésor.

XI

Sans entrer en ville, on s'arrêta dans le grand faubourg de Pokrovskoïe, sur la rive gauche de la Volga. Albine espérait pouvoir causer avec son mari et peut-être même le sortir de sa cachette. Mais, tout le long de cette courte nuit de printemps, le cosaque n'avait quitté les abords de la voiture. Louise qui, sur l'ordre d'Albine était restée assise à sa place, faisait des yeux doux, riait, persuadée que c'était pour elle qu'il restait. Mais Albine ne voyait rien de gai à cette situation et sans deviner pourquoi le cosaque demeurait, ne savait plus que faire.

Plusieurs fois, au long de cette courte nuit, Albine sortit de la chambre de l'auberge et, traversant un corridor empuanti, alla vers la voiture.

Le cosaque ne dormait pas, toujours assis sur une voiture voisine. Et ce n'est qu'avant l'aube, alors que les coqs s'appelaient d'une cour à l'autre, que la jeune femme trouva le moyen de parler à son mari.

En entendant ronfler le cosaque, elle s'approcha doucement de la voiture et frappa sur la caisse.

— José, José, murmura-t-elle, d'une voix effrayée.

— Qu'y a-t-il? demanda la voix endormie de Migourski.

— Pourquoi ne m'as-tu pas répondu tout de suite?

— Je dormais, répondit-il.

Au son de sa voix, elle comprit qu'il souriait.

— Faut-il sortir? demanda-t-il.

— Non. Le cosaque est toujours là, répondit-elle en regardant le soldat couché sur la voiture voisine.

Chose étrange, le Cosaque ronflait, mais ses bons yeux bleus étaient ouverts. Il la regardait et ce n'est qu'après avoir rencontré son regard qu'il ferma ses paupières.

— Il m'a semblé qu'il ne dormait pas, se dit Albine. Je me serai trompée, pensa-t-elle en se tournant vers la caisse.

— Souffre encore un peu, dit-il. Veux-tu manger?

— Non, je préférerais fumer.

Albine regarda encore le cosaque. Il dormait.

— Je vais chez le gouverneur, dit Albine. Bonne chance.

Et la jeune femme sortit des vêtements de la malle et rentra dans sa chambre.

Vêtue de sa plus belle robe de veuve, elle traversa la Volga sur un bac et, ayant appelé une voiture, se fit conduire chez le gouverneur qui la reçut immédiatement. La belle et souriante veuve, qui parlait très bien français, plut beaucoup au vieux gouverneur qui voulait faire le jeune. Il lui permit tout ce qu'elle voulut et la pria de revenir le lendemain afin qu'il lui délivrât un ordre pour le chef de police à Tsaritzine.

Tout heureuse des résultats de sa démarche, ainsi que de l'action de sa beauté qu'elle avait pu constater, Albine retournait lentement au port longeant une rue mal pavée.

Le soleil était haut au-dessus de la forêt et ses rayons jouaient sur l'eau du fleuve débordé. A droite et à gauche, on voyait comme des nuages blancs, les pommiers en fleurs. Une forêt de mâts s'étendaient le long du rivage et se reflétaient dans les eaux.

Arrivée au débarcadère, elle demanda à louer un bateau pour Astrakan et aussitôt des dizaines de bateliers bruyants et gais lui proposèrent leur service. Enfin elle conclut marché avec l'un d'eux qui lui plut et visita le bateau qui se trouvait parmi beaucoup d'autres.

Le pilote lui montra un mât qu'on pouvait dresser en cas de grand vent, tandis qu'en cas de calme, il y avait deux rameurs qui attendaient se chauffant au soleil. Il conseilla aussi de ne pas abandonner la voiture, mais de l'amarrer sur le pont après avoir enlevé les roues.

— Une fois amarrée, vous serez mieux assise dedans et si Dieu donne un temps convenable dans cinq jours nous serons à Astrakan.

Albine lui dit de venir à l'auberge de Pokvroskoïe pour voir la voiture et toucher des arrhes.

Tout allait pour le mieux et avec une grande joie elle se dirigea vers l'auberge.

XII

Le cosaque Danilo Lifanoff avait trente-quatre ans
et il terminait son service dans un mois. Sa famille
se composait d'un grand-père de quatre-vingt-dix ans
qui se souvenait encore de Pougatche, de deux frères,
d'une belle-sœur, d'un frère aîné exilé en Sibérie
comme « vieux croyant », d'une femme, de deux
filles et d'un fils. Son père avait été tué dans la
guerre avec les Français, de sorte qu'il était l'aîné
de la famille. Il n'était pas pauvre, possédait seize
chevaux, deux troupeaux de taureaux et pas mal de
terre libre où poussait le froment.

Danilo tenait fortement à la vieille foi. Il ne fu-
mait pas, ne buvait pas, et ne mangeait pas dans la
même salle que ceux qui n'étaient pas de sa foi. Il
observait rigoureusement le serment. Dans toute affaire, il était lent à exécuter, mais on pouvait compter sur lui. Il employait toute son attention à exécuter
les ordres qu'il recevait et n'oubliait pas un seul instant ce qu'il considérait comme son devoir.

Comme on lui avait ordonné de conduire à Sarato
les Polonaises, qu'on ne leur fît aucun mal et qu'elles-
mêmes restassent calmes, il les avait accompagnées
jusqu'ici avec leur petit chien et leur bière. Ces fem-

mes étaient gentilles, bonnes et, bien que Polonaises, ne faisaient aucun mal. Mais dans l'auberge, le soir, il avait vu, en passant devant la voiture, que le petit chien piaillait en remuant la queue, tandis que sous le siège de la voiture, il avait cru entendre une voix. Une des Polonaises, la plus vieille, avait saisi aussitôt le chien et l'avait emporté d'un air effrayé.

— Il y a quelque chose là-dessous, se dit-il.

La nuit, quand la jeune Polonaise s'approcha de la voiture, il fit semblant de dormir et entendit alors clairement une voix d'homme sortant de la caisse.

De bon matin, il alla à la police et fit son rapport. Les Polonaises qui lui avaient été confiées transportaient dans leur caisse un vivant au lieu de morts.

Quand Albine, joyeuse et assurée que tout allait bien finir et qu'ils seraient libres dans quelques jours, s'approcha de l'auberge, elle vit à la porte un équipage élégant et deux cosaques. La foule se massait à l'entrée, regardant curieusement dans la cour.

Elle était si pleine d'espoir et d'énergie qu'elle n'aurait jamais pu supposer que cette foule pouvait avoir été attirée par ce qui l'occupait. Elle entra dans la cour et, cherchant à voir sa voiture, elle entendit un aboiement désespéré de Trésor.

Ce qui était le plus terrible était arrivé. Devant la voiture, tout brillant dans son uniforme neuf, ses bottes vernies, ses boutons dorés et ses pattes d'épaules, se tenait un homme large aux favoris noirs. Il parlait à voix haute et rauque. Devant lui, placé entre deux soldats, José, avec ses vêtements de paysan et les cheveux mêlés de brins de paille, semblait tout étonné, levant et laissant tomber ses larges épaules. Sans se douter qu'il était la cause de tout ce malheur, le petit Trésor, le poil hérissé, aboyait furieusement contre le chef de la police. .

Migourski, qui venait d'apercevoir Albine, voulut s'approcher d'elle, mais les soldats le retinrent.

— Ce n'est rien, chérie, ce n'est rien, dit-il en souriant de son bon sourire.

— Et voilà la chère petite dame, fit ironiquement le policier. Venez un peu ici. Ce sont les bières de vos enfants, dit-il en indiquant Migourski.

La femme ne put répondre et portant la main à sa gorge, ouvrit la bouche, mais aucun son ne sortit. Ainsi qu'il arrive à l'instant de la mort ou dans les minutes décisives de la vie, en un instant, elle sentit et mesura tout un abîme de sentiments et de pensées, sans pouvoir rien comprendre, ni croire de son malheur.

Ce qu'elle ressentit d'abord fut l'orgueil blessé à la vue de son mari, le héros, entre les mains de ces brutes qui le tenaient maintenant en leur pouvoir. Puis ce fut une compréhension exacte du malheur qui la frappait. La conscience de son malheur fit surgir le souvenir le plus terrible de sa vie : la mort de ses enfants; et aussitôt la question se posa. Pourquoi lui avait-on enlevé ses enfants? Puis un autre : pourquoi cet homme, le meilleur et le plus aimé d'entre tous, son mari, allait-il périr?

— Qui est-il? est-ce votre mari? demanda le maître de police.

— Pourquoi, hurla-t-elle? Et prise d'un rire fou, elle tomba sur la caisse qui avait été détachée de la voiture.

Louise, toute tremblante de sanglots et le visage inondé de larmes, s'approcha d'elle.

— Madame, chère petite Madame! Ce n'est rien, disait-elle en promenant machinalement la main sur le corps de sa maîtresse.

On passa les menottes à Migourski, on l'emmena et Albine courut derrière lui.

— Pardonne-moi, cria-t-elle. C'est de ma faute.

— On verra à qui la faute. Ça arrivera jusqu'à vous, dit le maître de police en la repoussant de la main.

Le prisonnier fut conduit au bac. Et Albine, sans savoir pourquoi, le suivait sans écouter les consolations de Louise.

Pendant toute la durée de ce drame, le cosaque Danilo Livano était resté près des roues de la voiture et d'un air sombre regardait tantôt le maître de police, tantôt Albine, tantôt ses pieds à lui.

Quand Migourski fut parti, Trésor, resté seul, remua la queue et se mit à caresser le cosaque auquel il s'était habitué en chemin.

Le cosaque se détacha alors de la voiture, arracha le bonnet qu'il avait sur la tête, de toutes ses forces le lança à terre et, envoyant un coup de pied à Trésor, entra au cabaret. Là, il commanda du vodka, but sans arrêt et dépensa tout ce qu'il avait jusqu'au prix de son uniforme. Le lendemain seulement, quand il s'éveilla dans un fossé, il avait cessé de penser à la question qui le torturait : avait-il bien fait?

*
**

Migourski fut jugé et condamné pour désertion à mille coups de bâton. Ses parents, ainsi que Wanda,

qui avaient des relations à Saint-Pétersbourg, obtin-
rent cette atténuation de peine et il fut envoyé en
Sibérie, en relégation perpétuelle. Albine l'y suivit.

Quant à Nicolas Ier, il se réjouissait d'avoir écrasé
la révolution, non seulement en Pologne, mais en
Europe. Il était fier de n'avoir pas manqué aux vo-
lontés de l'autocratie russe et d'avoir gardé la Pologne pour le bien du peuple russe. Et les hommes
constellés de décorations et vêtus de lourds unifor-
mes dorés, l'acclamèrent pour cela, lui faisant croire
à sa grandeur, soutenant que sa vie était un bienfait
pour l'humanité et surtout pour le peuple russe dont
l'abrutissement et la corruption avaient toujours été
le but inconscient de ses efforts.

FIN

www.ingramcontent.com/pod-product-compliance
Lightning Source LLC
Chambersburg PA
CBHW070606100426
42744CB00006B/411

* 9 7 8 2 0 1 2 6 6 6 2 8 3 *